KB206079

커피타임 잉글리쉬

Book 1: 사람 묘사

Coffee-Time English

저자: 김규호 박사, 박준언 교수, 박우상 교수

DISCOVER MEDIA

커피타임 잉글리쉬 Book 1

초판발행 2024년 8월 22일

저자 | 김규호, 박준언, 박우상
발행인 | 홍성주
편집/표지디자인 | 인컴

발행처 | 디스커버미디어
주소 | 서울특별시 서초구 마방로 10길 15, B동 711호
전화 02-525-8081
홈페이지 https://drdavid.modoo.at
블로그 https://blog.naver.com/drdavid1204
이메일 discovermedia@naver.com

출판등록 제 2021-000083호 (2019년 10월 7일)

가격 18,000원 | **ISBN** 979-11-969503-5-4 03740

커피타임
잉글리쉬 ㄱ

Book 1: 사람 묘사

Coffee-Time English

DISCOVER MEDIA

출판사 서문

디스커버미디어가 이번에 '커피타임 잉글리쉬(Coffee-time English)'를 출간하게 된 것을 영광으로 생각합니다.

이 책의 공저자 세 분은 모두 탁월한 전문가들입니다. 이 책의 원 데이터와 초고를 제공한 김규호 박사는 미국 일리노이대학교 대학원 유학 시절부터 오늘날까지 미국에서 40년 이상 생활하면서 생생한 미국 영어 표현들을 직접 수집하여 사용하고 검증해왔습니다. 미국 사회에서 연구자, 직장인, 학자로 생활하면서 습득한 방대한 양의 영어 표현 자료들을 바탕으로, 국내 영어교육계에서 활발하게 활동해온 박준언 교수, 명실공히 최고의 영어 전문가인 박우상 교수와 함께, 지난 2년 동안 치열한 논의와 자료 보완을 거쳐 이번에 완성본을 출간하였습니다.

이 책은 영어교육 측면에서 중요한 의미를 지니고 있습니다. 그동안 한국 영어교육은 학습자가 의사소통 상황에서 실제 사용되는 영어를 통해 영어 원어민 사용자들은 물론 비 영어 원어민 사용자들과 소통하는 것을 가르치는 데 매우 미흡했습니다. 글로벌 세계, 디지털 시대가 도래함에 따라, 영어 사용 현장에서의 실시간 소통능력이 영어 능력의 핵심이 된 현실에서, 커피타임 잉글리쉬는 어색하고, 문맥과 사회문화적 코드에 적절하지 않은 영어를 탈피하여 살아 숨쉬는 생생한 영어를 가르치는 새로운 영어교육의 지평을 열 것입니다.

커피타임 잉글리쉬 시리즈를 학습하는 독자들은 이 책에서 가르치는 리얼 잉글리쉬의 놀라운 파워를 영어권 사회는 물론 세계 어디에서나 실감하게 될 것입니다. 여러분이 Book 1과 뒤이어 출간될 시리즈 저서들도 학습하여 영어 원어민들도 감탄할 영어 소통력을 구비하게 되기를 기대합니다.

디스커버미디어는 커피타임 잉글리쉬 시리즈와 여러 영어교육 출판물을 통해 우리의 삶을 보다 행복하게, 이 세상을 보다 아름답게 하는 영어교육을 열정적으로 추구할 것입니다.

디스커버미디어 기획편집부

8/10/2024

저 자 서 문

김규호 박사

우리나라 영어교육의 발전을 위해 평생을 헌신하신 박준언 교수 그리고 박우상 교수와 함께 'Coffee-Time English' 1권을 공동집필하여 우선 세상에 내어놓을 수 있게 되어 매우 감격스럽다. 무려 2년이 넘도록 한국과 미국이란 시간적 공간적 제약들을 극복하며 활발한 온라인 토의를 거쳐 거둔 결실이기에 그 보람과 감회가 남다르게 다가온다. 거의 40년을 북미대륙에서 살면서 원어민 일상영어표현들을 틈틈이 정리해왔던 필자의 현장경험과 두 선생님들의 오랜 영어교육 연륜과 풍부한 지식들이 조합된 노력의 땀방울들이 교재 곳곳에 스며 있기에 원어민 영어표현들과 친숙해지고 싶은 분들에게 매우 알차고 유용한 가이드북이 될 수 있을 것으로 믿는다. 실용영어를 재미있게 배우고 익혀서 원어민들과의 대화에 바로 활용할 수 있도록 본서 전반에 걸쳐 되도록이면 많은 구어체식 예문들을 소개하고 대화시 반드시 알아야 할 참고사항들도 소개하고자 했다.

필자가 미국과 캐나다에 살면서 영어학습과 관련하여 늘 마음 속에 지니고 있던 느낌은 다양한 상황에서 접한 현지의 생생한 실용영어표현들을 온전히 내 것으로 만드는 과정이 생각처럼 녹록치가 않다는 것이었다. 하루가 멀다 하고 일상에서 사용하는 아주 일반적인 표현들과는 달리, 다소 생소하지만 익혀두면 매우 유용한 표현들은 오래 기억되기보다 오히려 쉽사리 잊어버리는 경우가 대부분이었다. 유용한 표현들인 만큼 오래오래 기억해 두었다가 나중에 적절히 활용할 수 있으면 좋으련만, 현실은 여의치 않았다.

이런 바램을 해결할 수 있는 방안에 대해 나름 심사숙고하다가 필자가 생각해낸 방식이 '인덱스군 그물망 영어'였다. 이를테면, 유사한 의미나 인식의 공통성들을 지닌 표현들은 묶어서 개별의 인덱스군을 만들고 이들을 의미 있게 엮어서 가상의 그물망을 만들었다. 수많은 시행착오 끝에 웬만한

저 자 서 문

영어표현들은 거의 포획될 수 있는 촘촘한 그물망이 만들어지게 되었다. 인 덱스군 그물망을 어렵사리 마련한 이후로는 필자의 원어민 영어표현 수집 도 탄력이 붙게 되었다. 그물망에 마련된 인덱스군과 일상 중에서 수집된 영어표현들의 연결고리를 찾고자 하는 노력도 병행되었다. 가상의 그물망 내의 인덱스군들은 본서(인간의 본성에 국한)의 목차를 살펴보면 쉽게 알 수 있다. 촘촘한 인덱스군을 구성하여 영어표현들을 수집하다 보니, 예전이 면 그냥 흘려 보냈던 다채로운 표현들이 필자의 촘촘한 인덱스 그물망에 포 획되어 적재적소에 좀더 의미있게 배치될 수 있었다. 더러 번지수가 모호한 표현들을 만날 때는 가장 적절한 연결고리를 찾고자 고심에 고심을 거듭하 기도 했다.

아무쪼록, 이 방식을 적용한 다음부터는 유용한 영어표현들과 맞딱드리게 되면 부담감보다는 오히려 반가움과 기대감으로 대할 수 있게 되었다.'구슬 이 서말이라도 꿰어야 보배'란 말이 마음에 꼭 와닿았다. 한 땀 한 땀 현장에 서 수집된 자료와 함께 영어의 석학들이신 두 공저자들의 풍부한 지식과 방 대한 자료들이 조화롭게 융합되면서 더욱 풍부하고 내실있는 실용영어교 재로서 손색없는 면모를 갖출 수 있게 되었다.

끝으로, 일리노이 대학 유학생시절에 만나 지금껏 오랜 인연을 이어온 박 준언 교수와 같은 학교 동문이신 박우상 교수께서 집필에 기꺼이 동참하셔 서 훌륭한 영어교재가 출판될 수 있도록 열과 성을 다해주신 점에 대해 진 심으로 감사의 말씀을 드린다.

저 자 서 문

박준언 교수

제게 가장 소중한 단어는 인연(因緣)입니다. 이번에 출간된 커피타임 잉글리쉬 (Coffee-Time English)는 소중한 인연의 결과물입니다. 김규호 박사와 저는 지난 1980년대 중반 함께 유학중이던 일리노이대학교 (The University of Illinois at Urbana-Champaign) 대학원에서 만났습니다. 전공 분야가 달랐던 저희 둘은 그곳 에서의 짧은 인연을 뒤로하고 각자 헤어진 후 무려 40년이 지난 지금까지 한번도 직접 만나본 적이 없습니다. 그럼에도 불구하고 이번에 커피타임 잉글리쉬가 출간된 것은 제게는 말로 설명할 수 없는 신비입니다.

지난 2008년 김 박사와 이메일 상에서 오랜만에 반갑게 재회했을 때, 김 박사가 자신이 오랜 기간에 걸쳐 수집해온 방대한 양의 영어 표현자료들을 저와 함께 출판하자고 하는 제의에 흔쾌히 응했습니다만 여러가지 사정들로 인해 공동집필 작업을 할 수 없게 되었습니다. 다행이도 2년 전, 우리나라의 대표적 영어교육 전문가인 박우상 교수의 참여로 집필 작업이 극적으로 재개되었고, 지난 2년 동안 매주 줌회의를 하며 열띤 상호 토론을 거친 후에 이번에 값진 결과물을 세상에 내놓게 되었습니다. 김 박사가 미국 텍사스주 휴스턴(Houston)에 거주하는 관계로 대면회의를 할 수 없어서 부득이 시간과 공간의 제약이 따르는 줌회의를 하는 불편을 감수해야 했으나, 이는 오히려 저희 셋을 뗄 수 없는 인연의 고리로 묶어주는 계기가 되었습니다. 우여곡절 끝에 저희 세명의 특별한 인연으로 만들어진 커피타임 잉글리쉬가 우리나라 영어 학습자들의 영어표현 능력 향상에 큰 도움이 되기를 소망합니다.

박우상 교수

  평생을 한국과 미국에서 영어를 연구하고 가르쳐 온 학자로서 박준언 교수님과 김규호 박사님과 함께 이 Coffee-Time English의 집필에 참여하게 된 것은 저의 큰 기쁨이자 행운입니다. 우리의 삶의 한복판에 와 있는 글로벌 세계 그리고 디지털 시대를 생각하면, 그리고 그러한 세계와 과학기술적 환경 속에 점점 가속화되고 있는 지구촌으로부터 실은 크게 동떨어진 우리의 영어교육의 현실을 생각하면 할수록 이 책의 의미와 가치는 더욱 더 명백히 다가옵니다. 우리의 영어교육 정책과 컨텐츠와 평가는 대부분 시대착오적인 지나친 격식체와 문어체의 구문과 비현실적인 어구들로 가득하며, 눈도장식 학습만을 조장함으로써 말을 듣고 말을 하고 글을 쓰는 소통적 영어를 저해합니다. 전 세계에서 만나는 한국인들은 유학생이든 주재원이든 이민자든 또는 여행자든 자기가 한국에서 배운 영어가 세계의 현장에서 얼마나 소통력이 미약한지를 이야기합니다. 많은 씨를 뿌리고 부지런히 물도 주고 했는데 제대로된 수확물이 추수되지 않았다는 증언들입니다. 전적으로 공감하며 마음 한 구석에서는 너무도 미안한 마음입니다.

  이제 글로벌 세계, The global village is here to stay. 한두 세대 전만해도 영어교육과 학습의 목표는 의식적이든 무의식적이든 소위 원어민, 즉 영국 신사와 미국 아줌마 같은 사람이었습니다. 그러나 이제는, 아마도 영원히, 다릅니다. 이제부터 영어는 영어 원어민과의 대화는 물론 한국인, 네팔인, 네덜란드인, 모잠비크인, 브라질인, 멕시코인, 북미 원주민 등등 전 세계인들이 현장에서 실시간으로 서로의 느낌과 감정, 기쁨과 슬픔, 희망과 절망과 사상을 나누고 소통하는 것입니다. 언어의 핵심이 일반인들의 현장에서의 실시간 소통이 된 오늘, 이 Coffee-Time English는 이후에 출간될 전체 시리즈와 함께 학습자들에게 일상 생활의 광범위한 영역에서 현실적인 영어 구사력의 현저한 향상을 가져다 줄 것입니다. 영어 학습의 매력은 작은 자투라기 시간의 활용! 이 책이 여러분의 백팩 앞 주머니에, 손가방 안에, 외투 포켓 안에 늘 함께 다니면서 모닝 커피 타임은 물론 카페에서 친구를 기다리는 10분, 마을 버스를 기다리는 7분, 지하철을 타고 가는 세 정거장 등 일상 자투라기 시간에 여러분의 베프가 되기를 소망합니다. 혼자 계실 때는 베프에게 소리 내어 읽어 주시면 발성과 암기에 큰 도움이 됩니다. 자, 우리 커피 잔에 잉글리쉬 향을 담아 같이 한잔 해요.

A Sketch of the 'Coffee-Time English' Project (Book 1) Nearing Its Completion

[사진] Elvis Presley, Michael Jackson과 함께 20세기 최고의 대중음악 가수이자 배우였던 Frank Albert Sinatra (1915-98). 음주와 파티, 그리고 질풍같은 성격으로도 유명했지만 백인 사회의 흑인 차별에도 주저 없이 항의하고 사회적 정의에도 많은 관심을 보였다. 사진: Downbeat (jazz magazine), 1957. 현재 공공영역.

Judy seldom reveals [betrays, shows, displays] **her true [real] color [self/identity]** who she truly is.
Judy는 본색/정체성을 드러내는 적이 거의 없어.

I love you (just) **the way you are**.
나는 그냥 너의 있는 그대로가 좋아.

You are **coming out** at last!
드디어 본색이 나오는군!

Dedication
'커피타임 잉글리쉬'의 출간을 누구보다 성원했지만 한창 나이에 세상을 떠난 앤드류의 영전에 이 책을 바칩니다.

[사진] 미국의 김규호 박사가 40년 간을 수집, 사용, 검증, 정리한 방대한 살아 숨쉬는 현대 영어 1차 자료를 2년에 걸쳐 매주 1-2회 Google Docs와 Zoom 회의로 재구성, 편집, 감수 작업을 통해 '커피타임 잉글리쉬' (Book 1)을 완성하고 있는 영어 삼총사 김규호 박사, 박준언 교수, 박우상 교수

목 차

TABLE OF CONTENTS

목 차

TABLE OF CONTENTS

목 차

TABLE OF CONTENTS

형 natural / inborn / ingrained / innate / built-in / untaught / hard-baked

명 (human) nature / (pre)disposition / inclination / temperament / personality / trait... (human) nature / (pre)disposition / inclination / temperament / personality / trait

동 be born with ... / be born to be ... / be cut out to be ... / cut out for ...

구 by nature / by birth / dyed in the wool

참고 1. (Human) nature는 인간의 타고난 성질, 성품, 천성을 의미.
2. personality는 한 사람의 독특한 개성을 의미.
3. character는 윤리/도덕의 측면에서 보는 인품/성품/인격을 의미.
4. disposition은 inclination 처럼 개인의 성향을 의미.
5. trait은 characteristic 처럼 특징/특성을 의미.
6. temperament는 기질, 성질, 성미를 뜻한다. temper는 temperament처럼 기질/성질을 뜻하기도 하지만 종종 욱 하는 성질이나 성깔 (short temper)을 뜻하는 경우가 많다.
7. 성향/기질의 의미로 광맥이나 줄을 뜻하는 streak 또한 종종 사용됨.

예문

It's not in my **nature**.
나는 천성이 그렇지가 않아요.

Patrick had an **innate** sense of humor from a young age.
Patrick은 어릴 적부터 타고난 유머감각을 보여줬다.

Elizabeth possesses an **inborn** talent for art.
Elizabeth는 미술에 타고난 재능을 지니고 있다.

I think Trump is impatient **by birth**.
Trump는 천성적으로 인내심이 부족한 것 같아.

Bill Clinton seems to have a streak of humor **by nature**.
Bill Clinton은 천성적으로 유머스런 기질이 있는 듯해요.

Patricia was probably **born with** a hair-trigger temper.
Patricia는 아마도 몹시 급한 성질을 타고난 것 같아.

참고 hair trigger: 살짝 건드리기만 해도 발사되는 총기의 방아쇠; 작은 일에도 욱 하고 반응하는; very impatient

Frank Sinatra was a great entertainer **by nature**.
Frank Sinatra는 천성적으로 훌륭한 연예인이었죠.

[사진] Elvis Presley, Michael Jackson 과 함께 20세기 최고의 대중음악 가수이 자 배우였던 Frank Albert Sinatra (1915-98). 음주와 파티, 그리고 질풍같은 성격으 로도 유명했지만 백인 사회의 흑인 차별에 도 주저 없이 항의하고 사회적 정의에도 많 은 관심을 보였다. 사진: Downbeat (jazz magazine), 1957. 현재 공공영역.

Judy seldom reveals [betrays, shows, displays] **her true [real] color [self/identity]** who she truly is.
Judy는 본색/정체성을 드러내는 적이 거의 없어.

I love you (just) **the way you are**.
나는 그냥 너의 있는 그대로가 좋아.

You are **coming out** at last!
드디어 본색이 나오는군!

David is a **natural-born** leader.
David는 타고난 리더이다.

Many Jamaicans are great sprinters. Running seems to be **in their genes [nature, blood]**.
많은 자메이카 사람들이 훌륭한 단거리 육상 선수들입니다. 그들에게 달리기는 유전적인 것/천 성인 것 같습니다.

Michael Jackson was a remarkable singer and dancer. So were his brothers and sisters. Singing and dancing seemed to **run in their family/genes**.

Michael Jackson은 놀라운 가수이자 댄서였습니다. 그의 형제들과 자매들도 그랬죠. 노래하고 춤추는 것이 그들 가족에게 타고난 것 같네요.

What's your boss's **personality** like?

보스의 성격은 어때요?

What is **bred in the bone** will come out in the flesh.

타고난 천성은 속일 수 없다니까요 (드러나는 법이죠).

A leopard cannot change its (own) spots.

천성은 바뀔 수 없어.

> **참고** 원래 의미: 표범은 자기의 (타고난) 점들을 (아무리 노력해도) 바꿀 수 없다. (영어 속담)

I'm **bad [poor, not good]** at writing.
I **suck at** writing.

난 글 쓰는데 정말 형편 없어/꽝이야. suck은 한국인들이 보통 생각하는 만큼 심각히 저속한

> **참고** 표현은 아니며 가까운 사이에서는 자주 사용된다. 그러나 격식을 갖추거나 점잖은 자리에서의 사용은 적절하지 않다. 그리고 이 표현들에서는 in 이 아니라 at을 사용함에 유의해야 한다.

Mark Twain은 천부적인 작가였다.

Mark Twain **was born to be** a writer.
Mark Twain **was cut out for** writing
Mark Twain **was cut out to be** a writer.
= Writing **was hard-baked into** Mark Twain's **nature [natural abilities]**.
= There was an **inherent** writer in Mark Twain.
Mark Twain had an **innate** talent for writing.
Mark Twain **was born with** a gift for writing.
Mark Twain had a **built-in ability** to excel in writing.
Writing **came naturally** for Mark Twain.
Mark Twain was an **untaught** writer, his skills emerging without formal instruction.
Mark Twain was a **natural at** writing
Mark Twain was a **born [inborn, untaught]** writer.

> **참고** be cut out for + 명/대명; be cut out to be/do ...: 천성적으로 ...을 잘 한다/재주가 있다. 사용 빈도로는 긍정문보다 부정문으로 더 자주 사용된다.

[사진] 가장 미국적인 작가, 미국인들에게 가장 사랑받는 작가 Mark Twain (1835-1910). Mark Twain과 그의 작품들을 기리는 미합중국 (U.S.A.)의 기념우표 (commemorative stamp)들이 많음은 놀라운 일이 아니다.

Horror movies aren't my **taste [inclination, (pre)disposition]**.
Horror movies aren't my **cup of tea [after my heart / to my liking]**.
I'm not **inclined [(pre)disposed]** to like horror movies.
공포 영화는 내 취향이 아니야. (천성적으로/본능적으로 끌리지 않는다)

If you like thrillers, Agatha Christie is **(right) up your alley**.
네가 스릴러 작품을 좋아한다면, Agatha Christie가 바로 너의 취향이지.

참고 down 대신 up을 써도 의미는 대동소이하며, right은 생략할 수도 있다.

You know what? Al Capone punched and knocked out his teacher in sixth grade. He was probably criminally or violently **inclined [(pre)disposed]** early on.
Violence was a **trait [temperament]** that seemed to be **in his blood**.
He had a violent **inclination [(pre)disposition, temperament, genes]** in his blood.
있잖아, Al Capone (1889-1947, 미국 gangster)가 6학년 때 선생님한테 주먹을 날려서 기절시켰거든. 그자는 아마 일찌감치부터 범죄 또는 폭력적인 성향이 있었나 봐.
폭력은 그의 천성적 기질이었나 봐.
그는 폭력적인 성향/기질/유전자를 가졌어.

Prohibition & Al Capone:

(`prou·ə·ˈbish·ən) (발음에 유의: 금지하다라는 동사의 경우 (prou·ˈhib·it)와는 달리 <u>h</u>가 <u>묵음</u>으로 발음되지 않는다) 미국에서 술의 제조, 운반, 판매가 금지되던 금주시대 (1920-1933) 또는 그 조치를 일컫는다. 주목: 앞에 관사를 사용하지 않으며 P를 대문자로 표기한다. 금주법과 집행에도 불구하고 사람들은 여러 가지 방법들을 개발하여 몰래 술을 마셨으며 술의 밀조와 밀매를 둘러싸고 범죄 조직들이 극성을 부렸다. 가장 악명을 떨쳤던 갱 두목이 한국인들이 알 카포네라고 부르는 앨 커포운 Al Capone (kə·ˈpoun) (1899-1947) 이다.

[사진 (왼쪽)] 연방의 금주 집행 관리들이 밀주 제조 업소를 습격하여 압수한 술을 하수구에 부어 버리고 있다.

[사진 (오른쪽)] 복장 스타일로 보아 시대를 좀 앞서가는 한 여성이 (이런 여자를 flapper라고 불렀다) 목이 긴 가죽 신 (Russian boot) 안에 강술 (hard liquor)을 담아 숨겨 갖고 다니는 flask를 보여 주고 있다. 사진 제공: the Library of U.S. Congress

형 nice / kind / gentle / friendly / kindly / sweet / tender / soft / mild / meek / warm / sweet / mellow / lovable / bland / affectionate / good-natured / genial / generous / understanding / tolerant / saintly / warm [tender, sweet, kind, good, large]-hearted] / hospitable / affable / amiable / warm and fuzzy

명 angel / darling / sugar and spice / softie / (one's) sugar pie [sugarpie] / kind [gentle, caring] soul

구 a Good Samaritan [G: 대문자가 기본] / an angel / a saint of (a man, guy, woman, lady, etc.) / sweeter than pie / kind as pie / ray of sunshine

예문

We miss this great and **gentle** politician.
우리는 이 위대하고 온유한 정치인을 그리워한다.

Owen's voice was deep and **mellow**.
Owen의 목소리는 깊고 부드러웠다.

He is always **genial** to everybody, so he never has any enemy [enemies].
그는 누구에게나 상냥하게 대해서, 적이 없는 사람이야.

I think that he is a basically **decent** person.
내가 생각할 때 그는 기본적으로 괜찮은 친구야.

The hotel staff are **friendly** to the guests.
호텔직원들이 투숙객들에게 친절하게 대한다.

Jane's voice is always **tender**, full of love.
Jane의 목소리는 항상 부드럽고 사랑으로 가득하다.

Love me **tender**.
Love me **sweet**.
Never let me go. [Elvis Presley, *Love Me Tender* (1956)]
부드럽게 사랑해 주세요.
달콤하게 사랑해 주세요.
절대로 저를 떠나지 않게 해 주세요.

[사진 (왼쪽)] 느닷없이 혜성처럼 나타나 1957년에 최고의 스타덤에 오른 Elvis Presley.
사진제공: the Library of U.S. Congress.

[사진 (오른쪽)] 1956-57년에 마술에 걸린 듯 Elvis의 음악과 몸동작에 환호하며 비명을 지르는
젊은 여성 팬들의 모습. 보수적인 종교계와 기성세대는 Elvis의 이러한 sensation을 "Presley-
mania" (Presley 광기)라고 부르며 사회적 질병으로 규탄했다.
사진제공: Graceland (Memphis, Tennessee)

[사진] 미국 남부 Tennessee 주의 Memphis 시에 있는 Elvis Presley가 살았던 mansion이자
그의 사후에 Elvis의 museum이 된 Graceland. 1977년의 사망 이후 아직까지도 매년 수십만
명의 팬들이 전세계로부터 Graceland를 방문한다. 방문객들이 Graceland에 있는 Elvis의 묘소
앞에서 그의 죽음을 추모하고 있다. 사진: © 박우상 (Dr. David)

Tammy is a real **sweetheart**.
Tammy는 정말 상냥한 사람이다.

Michael was very **hospitable** to me when I came to New York.
Michael은 내가 뉴욕에 왔을 때 아주 잘 해 주었어.

As for the new employee, behind his tough exterior, he's actually a
bit of a **softie**.
새 직원은 말이야, 겉은 터프하게 보이는데 실은 좀 부드러워.

The boy was **(as) meek as a lamb**.
그 애는 양처럼 순했다.

Daniel's mother **has the patience of a saint**.
Daniel의 어머니는 기품이 온화하신 분이다.

Julia is a lady with **a heart of gold**.
Julia는 아주 온유한 성격을 지닌 숙녀이다.

My boss's always been my **sugar pie**, offering kindness and support even in the toughest times.
내 보스는 가장 힘들 때에도 자상함과 응원을 베풀어 준 언제나 나를 따뜻하게 대해 준 분이시죠.

Susan was **warm-hearted** and caring.
수잔은 마음씨가 따뜻하고 배려심 깊은 사람이야.

Phil is **(as) gentle as a lamb**.
Phil은 양처럼 온순한 사람이야.

Oliver's a man of **fine character**.
Oliver는 성격 좋은 친구야.

Mark is such a **bleeding heart**.
Mark는 정말 마음씨가 따뜻한사람이지.

Don't mistake her tough exterior for a lack of empathy. Deep down, she's a **bleeding heart** volunteering at the local shelter every weekend.
그녀의 강한 외모를 공감 능력이 없는 것으로 오해하진 마. 마음 깊은 곳에선 매주말 지역의 쉘터에서 봉사하는 아주 따뜻한 마음을 가진 사람이야.

Bob's a **Good Samaritan**.
Bob는 착한 사마리아 사람이야.

Grandma's **(as) kind as pie**. She bakes cookies for the whole neighborhood.
할머니는 아주 자상하세요. 온 동네 사람들을 위해 쿠키도 구워 주시구요.

Bessie: Oliver possibly told me a lie? What do you think, Jen?
Jennifer: No way, Bessie. I know all too well Oliver **doesn't have any mean bone in his body**.
Bessie: Oliver가 나한테 거짓말을 했을 수가 있을까? Jen, 넌 어떻게 생각해?
Jennifer: 그럴 리가 없어, Bessie. Oliver는 어떤 못된 구석이 없는 걸 내가 넘 잘 알거든.

not have a/any mean bone (in his/her body): 거의 대부분 부정문의 형태로 쓰여 안 좋은/부정적인 면/점이 없음을 강조하는 표현으로 사용된다. mean 대신에 bad, tricky, cheating, sly, dishonest, angry, selfish 등 다른 부정적인 형용사가 사용되는 경우들도 있다. 여기서의 bone은 character, gene, genetic trait/disposition 등 성품, 성격, 유전적 성향을 뜻한다.

Carole's too **full of the milk of human kindness**.
Carole **overflows with the milk of human kindness**.
Carole is an [the] **embodiment [incarnation/personification] of the milk of human kindness**.
Carole is **human kindness itself [personified/incarnate]**.
Carole은 인정과 친절로 철철 넘치는 사람이다.

Mason has a **feeling heart (in his breast)**.
Mason은 상냥한 마음의 소유자이지.

When someone is said to be kind, that generally means much more than friendly. It often means the person is **warm-hearted, charitable,** or **generous** to other people.
어떤 사람이 kind하다고 이야기 될 때는 흔히 friendly보다 훨씬 더하다는 뜻이다. 그것은 종종 그 사람이 남들에게 따뜻하다, 온정이 있다, 또는 너그럽다는 것을 뜻한다.

Lisa is **a ray of sunshine**, really. Her positivity is contagious in the whole company.
Lisa는 정말 햇살같은 사람이야. 그녀의 긍정적 마인드는 우리 회사 전체에서 전염성이 있어.

Janet's **all sugar and spice**; she's so delightful to be around.
Janet은 완전 스위트해요. 그녀 근처에 있으면 너무도 즐겁죠.

Kate's an **absolute darling**. Everyone loves her so.
Kate은 완전 사랑스럽죠. 모두가 너무도 좋아해요.

Stella will **give you the shirt off her back**.
Stella will **go out of her way to help you**.
Stella will **go to all [extra] lengths to help** you.
Stella는 간이라도 빼 줄거야. (Stella는 아낌 없이 도와 줄 거야.)

형 mean / evil / vicious / wicked / ill [bad]-tempered / malicious / devilish / sinister / tyrannical / perverse / hard-handed / bloody-minded

명 blackguard / rogue / villain / scamp / scoundrel /rascal / scumbag / knave / cad / asshole / heel / rotter / bounder / rake / rat / stinker/ lout / louse / blackguard

주의 특히 scumbag과 asshole은 상당한 정도의 비속어이므로 젊잖은 자리나 아주 친하지 않은 사람들 간의 사용은 피하는 것이 좋다.

구 piece of work [business] / bad egg / pain in the neck [butt] / dog in a manger / Nero in a petticoat

예문

Kathy flew at me, shouting how wicked and evil I was.
Kathy는 내가 야비하다고 외치며 덤벼들었다.

Linda gets very bad-tempered when she's tired.
Linda는 피곤할 때 곧잘 성질을 낸다.

William was a cruel and vicious man.
William은 잔인하고 사악한 사람이었어.

I won't bite you.
나쁜 사람아니야.

How can he be human and behave that way?
어떻게 인간의 탈을 쓰고 그럴 수가 있을까?

James is a bad egg, so you'd better stay away from him.
James는 형편없는 놈이니 가급적 가까이하지 마라.

Barbara brings out the worst in me!
Barbara는 정말 마음에 들지않아! (그녀는 나를 나쁜 놈으로 만들어.)

Linda is quite **a piece of work**. She can be sweet and charming one moment, and then suddenly turn into a totally difficult person when things don't go her way.

Linda는 꽤나 고약한 성깔이 있어. 어떤 때는 스위트하고 매력적인데 일들이 자기가 원하는대로 굴러가지 않을 땐 완전히 힘든 사람으로 돌변하거든.

참고 a piece of work [business]: (비격식체) 일상적으로 다루거나 상대하기 힘든 사람

My boss is a **tricky piece of business**, really. You never know what to expect next.

내 보스는 정말 상대하기 힘들어. 담엔 무슨 일이 벌어질지 알 수가 없어.

The new teacher's a real **pain in the neck [butt]**. He's so demanding and such a tough grader as well.

새 선생님은 정말 힘들어. 아주 까다롭고 게다가 학점도 엄청 짜게 주거든.

Stephanie refused to lend her old textbooks to her classmates, acting like a **dog in a manger**, even though she didn't have to use them again at all.

Stephanie는 자기가 사용한 교과서를 클래스 메이트들에게 빌려 주길 거절했어. 자기는 그 책들을 다시 쓸 필요가 전혀 없었는데도 못되게 군 거지.

참고 a dog in the manger: 자기에게는 쓸모 없는 것인데도 남들은 사용하거나 즐기지 못하게 가로막는 성질 못된 사람. 고대 그리스의 이솝 (Aesop) 우화에 나오는 이야기로 여물통 속의 건초를 먹지 않는 개가 다른 동물들이 먹지 못하게 으르렁거리고 막으며 못되게 군 이야기에서 유래.

The new boss is like **a Nero in a petticoat**, ruling the office with an iron fist and showing little regard for the feelings of her subordinates.

새 보스는 여자 네로 황제 같아. 무쇠 주먹으로 군림하면서 직원들의 기분은 아랑곳하지 않고.

참고 고대 로마의 포악한 황제 Nero를 petticoat (속치마)를 입은 여자로 설정해서 포악하고 으름장 놓고 못되게 행동하는 여성을 표현.

1-4 착한/선한 척하는, 위선적인

형 hypocritical / self-righteous / affectedly [self-righteously] good /
goody-goody / priggish / prudish / prissy / Janus-faced

명 hypocrite / puritan / goody two shoes / goody-goody / prig (주로 남
자) / prude (주로 여자) / priss (주로 여자) / bluenose

예문

Anne's behavior makes me think she is a **hypocritical** fellow.
Anne의 행동을 보면 위선자인 것 같아.

I can't stand how Stacy always acts so **goody-goody**, as if she's never
made a mistake in her life.
없는 것처럼 항상 그렇게 선한 척 행동하는 걸 참을 수가 없어.

Do you really think she's a good girl? I don't really think so. In my
view, she's just a **goody two shoes**.
정말 그 애가 좋은 앤 줄 아세요? 전 전혀 그렇게 생각지 않아요. 제 생각엔 그 애는 그냥 착한
척이나 하는 애예요.

참고 goody two shoes / goody-goody: 선한 또는 의로운 또는 도덕적인 척하는 사람, 착한 척
하면서 선생님이나 어른에게 고자질 하는 아이

My homeroom teacher picks me apart too often for my short dresses
and skirts, like such a **prude**!
내 담임은 내 짧은 드레스랑 스커트 땜에 날 너무 자주 혼을 내, 마치 무슨 도덕적인 꼰대같이
말야.

I thought Sonya was my close friend, but she turned out to be
Janus-faced.
난 Sonya를 친한 친구라고 생각했는데 알고보니 아주 위선적인 여자애였어.

Katie's parents are real **bluenoses**, always quick to scold her for the
slightest hint of misbehavior.
Katie의 부모님은 정말 도덕군자 같은 분들이셔. 조금만 행동이 안 좋다 싶으면 항상 바로 혼내
시고 말야.

형 rough / unfriendly / cold / rude / blunt / cranky / bluff / inhospitable / ungracious / curt / brusque / gruff

명 curmudgeon / grump / grumpy cat / fuss budget / grumpy Gus / sourpuss

구 give somebody a cold shoulder

예문

The saleswoman in the department store was **rude** to customers.
그 백화점 여직원은 고객들에게 불친절했다.

My uncle is **blunt** to strangers.
내 삼촌은 처음보는 사람들에게 무뚝뚝하시다.

Lauren might be easily annoyed even by your joke because she is very **cranky**.
Lauren은 아주 예민하기때문에 너의 농담에도 쉽사리 짜증을 낼 수 있어.

Many old people tend to be **grumpy [cranky, short-tempered]** toward others even when they can be more generous with age.
많은 나이 든 사람들이 나이가 들어 더욱 너그러울 수 있는데도 남들에게 퉁명스런/짜증스러운 경향이 있다.

Jennifer was very **short [curt] with** me. Jennifer was **cold on [to]** me.
Jennifer는 내게 매우 쌀쌀맞게 대했다.

Try to stay away from Dick. He's such a **curmudgeon [wet blanket, sourpuss]**.
Dick 하고 가까이 하지 마. 아주 성마른/ 김새는 사람이야.

My English teacher is such a **fuss budget** about grammar. She corrects every tiny mistake in all the essays of all the students.
제 영어 선생님은 문법에 관해서는 완전 난리법석 장이예요. 모든 학생들의 모든 에세이에 있는 모든 사소한 실수까지 수정하세요.

참고 fuss budget: (비격식) 사소한 세부사항까지 지나칠 정도로 까다롭고 비판이나 소동을 일으키는 사람. 그러나 이 표현은 대부분 그런 사람에 대한 강한 비난보다는 주로 가벼운 지적 또는 유머러스한 묘사로 사용된다.

형 bothering / bothersome / irritating / irritable / tiring / annoying / vexing / vetting / fretful / peevish

명 nuisance / pest / drag / plague / peeve : 즐겁지 않은, 힘들거나 짜증나는 사람/사물/일 / pet peeve (계속 머리에서 떠나지 않고 괴롭히거나 짜증나게 하는 사람/사물/일)

동 irritate / bother / annoy / vex / peeve

구 pain in the neck [butt, backside, arse, ass] (ass는 점잖은 자리에서는 절대 사용하지 않는다) / get under someone's skin / a fly in the ointment

예문

The salesman was such a **pest**, keeping calling me almost every day.
거의 날마다 전화를 하는 그 판매원은 정말 성가신 친구야.

Justin is a **real drag**.
Justin은 아주 귀찮은 친구이다.

Thomas is a real **pain in the neck [arse, ass]**.
Thomas는 정말 피곤한 인간이야.

The boss is a real **pain in the backside**.
그 보스는 정말 너무 성가신 사람이다.

The client is **a thorn in our side/flesh**.
그 고객은 우리에겐 정말 진상이야.

참고 a thorn in our/someone's side/flesh: 늘 우리/누구를 괴롭히거나 문제를 일으키는 사람

With her aggressive comments Nikki often **gets under everyone's skin** during team meetings.
Nikki는 공격적인 말로 종종 팀 미팅 중에 모든 사람들을 짜증나게 합니다.

It's a **pet peeve** of our boss's when her office people don't respond to her emails promptly, as it disrupts her workflow.
사무실 직원들이 자기 이메일에 즉시로 답장하지 않을 때 저희 보스한테는 짜증나는 일이죠. 자기의 업무 진행을 방해하니까요.

Please stop **nagging** me. Your nagging is really **getting on my nerves**.
제발 잔소리 그만해. 정말 짜증이나.

Your negative comments are really like **a fly in the ointment** even before I try to make a new attempt.
내가 새로운 시도를 하기도 전에 늘어놓는 너의 부정적인 언급들은 참으로 성가시다.

참고 fa fly in the ointment: 향유에 들어 있는 파리. 작은 결함이나 부족함이 전체를 망치거나 손상을 입힐 때의 표현으로 자주 사용되는 idiom이다.

1-7 차가운, 인정없는, 냉정한, 쌀쌀맞은

형 cold / unfriendly / heartless / icy / unfeeling / unsympathetic / merciless / pitiless / inhuman / inhumane / callous / uncharitable / cold [hard, stone, stony]-hearted / cold-hearted [blooded] / uncaring / cold-livered / hardened / stone-cold / unforgiving / ruthless

명 cold fish / ice king [queen] / heart of stone

구 have no heart / dead inside

예문

Now, ain't it good to know that you've got a friend
When people can be so **cold**? (Carole King, You've Got a Friend)
사람들이 엄청 냉혹할 수 있을 때
친구가 있다는 걸 아는 건 좋은 일 아니겠겠어요?

참고 ain't: 여기서는 isn't의 비격식 구어체

I couldn't believe they were so **heartless**.
그들이 그토록 인정없는 줄은 몰랐다.

Sandy sometimes gives people an **icy** stare. That really turns them off.
Sandy는 이따금 사람들을 싸늘한 시선으로 바라봐. 사람들은 정내미 떨어져 하는데.

Logan was branded an **unfeeling** bully.
Logan은 인정사정없는 깡패로 낙인 찍혔다.

Jacob's a very **callous** person.
Jacob은 찔러도 피한방울 안나올 사람이야.

The writer portrays the main character of his novel as **heartless [callous, unfeeling]**.
작가는 소설의 주인공을 냉혹하게 그려내고 있다.

참고 callous: 굳은 살 (callus)이 박힌 것처럼 마음이 모진

In the years of slavery, not all slave-owners were **ruthless** to their slaves.
노예제 시절에 모든 노예주들이 늘 자기 노예들에게 가혹했던 것은 아니다.

Jackson appears at first a **cold-hearted** and seemingly unapproachable person.
Jackson은 처음보기에는 냉정하고 다가가기 어려운 사람처럼 보인다.

Jack is a very **unfeeling [hard-hearted, callous]** person.
Jack은 찔러도 피 한 방울 안 나올 사람이다.

Joshua is really (as) **cold as a stone**.
조슈아는 돌덩이처럼 냉혹하고 차가워.

참고 stone 대신 cucumber를 쓰면 '차분하고 침착하다'는 느낌을 준다.

The **stone-hearted** man didn't show any pity to his neighbor who died suddenly in a car accident.
그 무정한 인간은 교통사고로 갑자기 죽은 이웃에게 전혀 동정심을 보이지 않았어.

참고 'hard-hearted'도 같은 의미로 사용될 수 있다.

You'd rather not expect any sympathy from John. He is (as) **hard as nails**.
John에게 어떤 동정도 기대하지 말아요. 아주 목석같은 인간입니다.

Lisa is a **cold fish**.
Lida는 아주 쌀쌀맞아.

Judy **shows me the cold shoulder** these days.
Judy는 요사이 내게 아주 쌀쌀맞아.

형 sincere / faithful / steady / regular / square / stand-up / upstanding / no-nonsense

명 sincerity / integrity / earnestness / role model / square (slang: 보수적인 가치관을 가진 성실한 사람) / class act / genuine [real, authentic] deal [guy, gal, woman] / salt of the earth / good egg / straight shooter [arrow] / square shooter

구 man [woman, person] of integrity / down-to-earth / honest and fair / always on the job / as sincere as they come / on the up-and-up (구어체) / on the level

예문

You need to **straighten up and fly right**.
넌 행실을 바로해야해.

This man is **always on the job**.
이 친구는 항상 일을 열심히한다.

Eric is a well-known **workhorse** in his company.
Eric은 회사에서 (아무런 불평없이) 정말 열심히 일하는 직원으로 정평이 나있다.

Suzie must be a real **straight shooter**. She has done her projects well before the deadline.
Suzie는 아주 착실한 사람이야. 프로젝트들을 기한 훨씬 전에 끝내왔어.

The movie *The Bridges of Madison County* describes people in rural America as **down-to-earth**.
영화 '매디슨 카운티의 다리'는 미국 시골 사람들을 성실하다고 (실질적이라고) 묘사한다.

Even under pressure, Sarah handled the situation with grace and professionalism, proving once again that she's a true **class act**.
힘든 때 조차 Sarah는 상황을 우아하고 전문인적 자세로 대처해서 다시 한번 진정한 본보기임을 입증했다.

Bethy is **as sincere as they come** and always goes the extra mile for her team.
Bethy는 아주 성실해서 팀을 위해 늘 수고를 아끼지 않는다..

as + 형용 + as they come: as sincere as they come
very [exceptionally, extremely] + 형용: very sincere
형용 + to the utmost degree; sincere to the utmost degree
자주 사용되는 형용사: good/nice, pretty, rich, stupid, foolish 등등

Young Abe was always **on the up-and-up** with people around him.
젊은 Abe는 항상 주위 사람들에게 정직했다.

1-9 책임감 강한, 책무를 다하는, 소임에 충실한

형 responsible / loyal / true-blue

구 faithful to one's work [job, mission, duties, responsibilities] / carry one's duty [responsibility, obligation] to the fullest / not pass the buck / The buck stops with me.

예문

Karen's a very **responsible** sort of person.
Karen은 아주 책임감이 강한 사람이야.

As long as responsibility is concerned, he was a true **stand-up** colleague.
책임감에 관한 한 그는 아주 탁월한 동료였다.

'stand-up: (속어) 형용. loyal, reliable, trustworthy

John is a trustworthy team player and **never shirks his responsibilities**.
John은 성실한 팀플레이어여서 그에게 주어진 책임감을 소홀히하는 법이 없어.

Sarah **alway carries out her duty [duties]** to the fullest.
Sarah는 주어진 책무에 대해 항상 최선을 다한다.

Sonny is a guy who **never passes the buck**.
Sonny는 책무에 결코 한 치의 소홀함도 없는 친구이다.

Paul is a man who really **steps up to the plate** whenever anything needs to be done.

Paul은 무슨 일이 닥쳐도 정말 소임을 다하는 사람이다.

President Truman showed the importance of taking responsibilities in doing his job as president. He said, **"The buck stops here with me."**

Truman 대통령은 대통령으로서의 자기 직무를 수행함에 있어서 책임을 지는 것의 중요성을 보여 주었다. "그 책임은 내가 집니다" 라고 말했다.

[사진] 대통령 집무실 (Oval Office)의 책상 위에 항상 놓고 집무를 했던 Truman의 정치적 좌우명 명패에 적혀 있던 "The buck stops here." (책임은 여기서 멈춥니다. 모든 책임은 제가 집니다). Truman의 공직자의 책임 철학은 아직도 미국인들에게 각별한 이미지로 남아 있다.
사진제공: U.S. Library of Congress

1-10 | 신뢰가 가는, 믿을만한, 신용 있는, 신망이 두터운

형 reliable / trustworthy / credible / convincing / dependable / steadfast / trustable / of repute

명 steady Eddie (여자에게도 사용) / go-to person

동 trust / depend [rely, bank, bet, count] on someone / have someone's back / stick with someone

예문

Tim is efficient and **reliable** in his work.
Tim은 일을 효율적으로 하고 견실한 친구야.

Samuel is a **trustworthy** and level-headed leader.
Samuel은 믿을 수 있고 침착한 사람이야.

Lisa has been **dependable** and punctual.
Lisa는 믿을 수 있고 시간도 엄수해 왔다.

Mark is a **credible** colleague whom his colleagues always count on.
Mark는 동료들이 항상 기대고 신뢰할 수 있는 동료이다.

He is **a man of his word**.
그는 자신이 한 약속을 반드시 지키는 사람이야.

참고 말을 허투루 하지않고 자신이 내 뱉은 말을 철저히 지키는 유형의 사람이란 의미를 담고 있다.

You can **count on** Harry. He's **a man of his word**.
Harry는 믿을 수 있죠. 약속을 지키는 사람입니다.

참고 count on ...: depend/rely/bank/bet on ...: ...를 믿다/신뢰하다; trust ...

Nancy is a real **gem [treasure]** of our company.
Nancy는 정말 귀중한 회사의 보배야.

John is always my real **go-to person**.
John은 내가 도움이 필요할 때 신뢰하며 찾는 친구야.

I really need a **tried-and-true** friend.
나는 정말 믿고 신뢰할 수 있는 친구를 원해.

We can **bet on** her to catch up on the project and meet the deadline.
그녀가 프로젝트를 따라잡고 마감 일정을 맞출 거라고 믿을 수 있습니다.

In spite of her personal adversities, Kathy remains a **steady Eddie** at work, always meeting deadlines and supporting her coworkers.
개인적인 시련들에도 불구하고 Kathy는 항상 마감 일정을 맞추고 동료들을 지원하는 등 직장에서 꾸준히 신뢰할 수 있는 사람으로 남아 있다.

1-11 불성실한, 무책임한, 직무에 소홀한, 요령 피는, 빤질거리는

형 faithless / irresponsible / clever / trustless / untrustworthy / sloppy / sleek / slick / slippery / dodgy / sketchy / crocodilian / duplicitous / double-dealing / hollow hearted / deceitful

동 dally

구 scamp one's work / poke about work / not one to count [depend, rely, count, bank, bet] on / play fast and loose with ... / pass the buck (to someone else) / shirk [avoid, evade, dodge] the [one's] responsibility [duty] / dodge the column / be up to no good

예문

The manager sacked the **faithless** worker out of the job.
부장이 불성실한 직원을 해고했다.

John's **irresponsible** attitude made me angry.
그의 무책임한 태도가 나를 화나게 했다.

This new employee's been so **dodgy** about many assignments I'm not sure how much longer we can count on him. On so many occasions he's been so **slippery** as they come.
이 새 직원은 많은 과제에 너무 피하고 뭉기적거려서 우리가 얼마나 더 그를 신뢰할 수 있는지 모르겠어. 너무도 많은 경우에 더할 수 없을 정도로 빤들거렸어요.

Hey, stop **lying down on the job**.
이봐, 그만 빤질거리지 말라구.

Tom is not really sick. I think he's trying to **dodge the column**.
내 생각엔 Tom은 아픈 것이 아니라 요령을 피우고 있어.

> 참고 dodge the column: avoid [shirk] one's duty [work]. 여기서의 column은 군대의 행진 대형. 마치 군인이 꾀를 부리고 행진을 피하는 것을 비유적으로 표현.

Tony is well known for **shirking (his duties) on the job**.
Tony는 일하면서 요령피우는 것으로 정평나있다.

James was reprimanded again by **dallying** over his work.
James는 농땡이 부리다가 다시 꾸중을 들었다.

> 참고 'scamp one's work' 나 'poke about work' 도 일을 게을리하거나, 대충대충 하거나, 빈둥 거리며 일을 소홀히 하는 상대에게 사용할 수 있다.

Former President Bill Clinton was sometimes called **Slick** Willie/ Willy.
Bill Clinton 전 대통령은 이따금씩 뺀돌이 윌리라고 불렸죠.

The lab assistant's always **playing fast and loose** with responsibilities. Her jobs are so sketchy most of the time. She's almost **up to no good**.
그 실험실 조수는 항상 책임 사항들을 요령을 부려. 하는 일들이라곤 대부분 아주 대충대충이야. 거의 쓸모가 없는 거지.

1-12 부지런한, 근면한, 열심히 일하는

형 hard-working / diligent / untiring / driven / industrious / indefatigable / inexhaustible

명 eager beaver (부지런한/열심인 사람) / fireball / ball of fire (열심히 정력적으로 일하는 사람) / hustler / grinder / go-getter

동 trust / depend [rely, bank, bet, count] on someone / have someone's back / stick with someone

The CEO is **hard-working** and energetic.
그 대표는 근면하고 에너지가 넘친다.

David is the most **industrious** student you'll ever see.
David는 생전에 보게 될 가장 근면 성실한 학생이다.

Lucia is kind of an **overachiever**, always **striving for perfection**.
Lucia는 늘 기대이상의 성과를 내야하는 과욕성취자야.

Brown is a real **go-getter**.
Brown은 정말 열정적이며 에너지가 넘치는 분이야.

Steve is like an **energizer** bunny.
Steve는 정말 에너지가 철철 넘치는 친구야.

Sarah was **tireless [untiring, indefatigable]** in her efforts to help those in need.
Sarah는 가난한 이들을 돕는데 지칠 새 없이 그녀의 열정을 쏟았다.

Mary is one of the **balls of fire** whom I met recently.
Mary는 내가 최근에 만났던 몇몇 열정적인 사람들 가운데 하나이다.

At a competitive school [workplace] you often have to **burn the midnight oil**.
경쟁적인 학교/일자리에서는 종종 밤 늦게까지 공부/일해야 합니다.

Richard's a **grinder**, always putting in extra hours to achieve his goals. Diana, his younger sister, is also a real **hustler**, never afraid to tackle difficult tasks.
Richard는 엄청 열심히 일해요. 언제나 목표를 달성하려고 추가 시간을 더 일하죠. 그 친구 여동생 Diana 역시 엄청 열일 하죠. 어려운 과제들도 겁 없이 달려들죠.

Hey, Tony, you don't have to **bust your ass [butt, chops, back, hump]** for the exams/company.
Tony, 시험을/회사를 위해 뼈 빠지게 공부/일 할 필요 없어.

참고 bust one's ass [butt, back, hump, chops, balls] (속어): 극도로 열심히/뼈 빠지게 일하다 (점잖은 상황에서는 삼가할 것)

형 lazy / idle / neglectful / shiftless / indolent / slack / slothful / do-nothing / sluggard / procrastinating / remiss / lackadaisical

명 sluggard / lazy boy / couch potato / lazy bum [ass, bone] / slacker / loafer / shirker

동 dawdle / procrastinate / idle / trifle / loaf / loiter / lounge

예문

John's always **procrastinating** and leaving things undone to the last minute.
John은 일들을 항상 막판까지 질질 끈다.

Matthew was reprimanded for being **indolent** at work.
Matthew는 근무태만으로 질책받았다.

A **lackadaisical** attitude toward her studies brought low grades.
태만한 자세로 공부에 임했던 그녀는 낮은 학점을 받았다.

Luke put off his homework again. Don't trust such **lazybones**.
Luke는 숙제를 또 미루었다. 그런 게으른 친구는 믿지 말라구.

The manager warned everyone that there is no room for **slackers** in the tight-knit team, emphasizing the importance of each member pulling their weight.
매니저는 긴밀하게 조직된 팀에는 어슬렁 거리는 직원들이 있을 여유가 없다는 점을 모두에게 경고했습니다. 각 멤버가 자기 역할을 해내는 것의 중요성을 강조하면서.

Steve is a real **couch potato** loafing all evenings away, lying in his La-Z Boy couch, addicted to potato chips and beer .
La-Z Boy 소파에 누워 감자칩과 맥주에 빠져 매일 저녁을 허비하는 Steve는 진짜 게으름뱅이죠

형 passionate / enthusiastic / big (on ...) / dedicated / devoted / committed / intense / impassioned / keen / fanatic / ardent / zealous / fervent

형 과거분사 immersed [absorbed, indulged, engrossed] (in ...) / infatuated (with ...) / stuck (on ...) / devoted [dedicated, committed] (to ..)

명 enthusiast / freak / aficionado / nut (nuts: 형용) / buff / devotee / ball of fire / fireball

동 immerse [absorb, indulge, engross] (oneself in ...) / indulge (in ...)

구 absorbed [engrossed, immersed] in ... / be into ... / go [be] gaga over ... / get one's teeth into / forget oneself / be hung up on ...

예문

Jim is very **passionate** about the new project launching.
Jim은 새 프로젝트 론칭을 위해 열정을 보이고 있다.

He is an **ardent** student who tries to remember everything he has learned.
그는 자신이 배운 모든 것을 암기하려고 하는 열정적인 학생이다.

Tom seems to be such a **workaholic**.
Tom은 일에 미친 것 같아.

You don't need to **go overboard**.
넌 지나치게 열광할 필요가 없어.

I am nuts about watching movies.
I'm a real movie **nut [fanatic]**.
나는 영화 광팬이야.

I'm a **huge [diehard]** fan of the New York Yankees.
난 뉴욕 양키즈의 열광적인 팬이에요.

The vocal group **was welcomed with open arms** when he visited Japan.
그 보컬그룹은 일본에서 엄청난 환대를 받았다.

The audience **went ape** over the music band.
관중들은 그 뮤직밴드에 열광했다.

Don is a huge baseball **fanatic [enthusiast, freak, nut, buff, aficionado]**.
Don은 정말 야구광이야.

Jordan is a well known smartphone tech **junkie** among our classmates.
Jordan은 학우들 사이에선 스마트폰 기술광으로 유명한 친구다.

More than a billion young people **are [go] gaga over** rap music.
10억 이상의 젊은이들이 랩 음악에 열광한다.

[사진] Korean rappers Ted Park and Jay Park are performing at the Minnesota State Theater in Minneapolis. 사진제공: © Ted Park

Asher is completely **immersed** in his research.
Asher는 자신의 연구에 완전히 빠져 있다.

I'm totally **involved** in playing golf.
난 골프치느라 정신없어.

Karen seemed totally **absorbed [engrossed]** in the book.
Karen은 그 책에 완전히 빠져 있는 것 같았다.

Carter **is caught up in** reading.
Carter는 독서에 푹 빠져 있어.

Ted is a **dedicated [devoted] reader**.
Ted is **dedicated [devoted, given, committed] to** reading.
Ted는 독서광입니다.

Christina **was engrossed in** the TV screen.
Christina는 TV 화면에 몰입했다.

Amy seemed totally **absorbed [immersed, indulged, engrossed] in** her book.
Amy는 책에 완전히 빠져 있는 것 같았다.

Everybody's all **wrapped up in** their own work.
모두 자기 일에 몰두해 있어.

Betty is **hooked on [hung up on, addicted to]** blogging these days.
최근에 Betty는 블로깅 활동에 중독되어있다.

Dona is recently **infatuated with** SF movies.
Dona는 최근 SF 영화에 푹 빠져있다.

Bill's **been hung up [hung] on** Hillary since his first date with her.
Bill은 Hillary와의 첫 데이트 이후로 Hillary에게 뿅 가 있어.

Laura is a **bookworm**.
= Laura is an **ardent [passionate, avid, fervent] (book) reader**.
Laura는 정말 책읽는 것을 좋아해.

참고 이외에도 책/독서를 좋아하는 사람/광을 뜻하는 낱말들:
book enthusiast [lover, fanatic, aficionado, nut, maniac], bookhound / page-turner / bibliophile. 도서관에 자주 가 있거나 죽치고 책을 읽는 사람은 library rat 라고 표현함. 무엇에 열광적으로 좋아하는 것은 mania, 그런 사람은 maniac 이라고 함(마니아라고 쓰는 것은 올바른 표현이 아님)

Cynthia may be small in stature, but she's a **firecracker** on the dance floor, moving with incredible energy and passion.
Cynthia는 키는 작지만 댄스 플로어에서는 열정적인 사람이예요. 놀라운 에너지와 열정으로 움직이거든요.

Julian **is into [indulged in]** golf these days.
Julian은 요사이 골프에 흠뻑 빠져있어.

All of a sudden, Julian is **big on** golf these days.
Julian은 느닷없이 요즘 골프에 열을 올리고 있어.

I **have my nose in** watching football games.
나는 미식축구 보는 재미에 푹 빠져 있다.

> **참고** '쓸데없이 끼어들다', '참견하다'는 뜻으로도 자주 쓰임.

Leo **devoted himself to** research on child psychology.
Leo는 아동심리연구에 전념했다.

Gabriel is a **beggar for** work.
Gabriel's always **begging for** work.
Gabriel은 일에 미친 사람이다.

I hope that you **get your teeth into** this problem and find a solution.
네가 이 문제를 철저히 파고들어 해결책을 찾았으면 좋겠어.

> **참고** get 대신 sink를 사용할 수 있음.

Helen has been **plugging [pegging] away at** Pilates for months.
Helen은 몇 달째 필라테스를 꾸준히 해오고 있다.

> **참고** plug [peg] away at ... : ...일에 끈질기게/꾸준히/열심히 작업하다.

I need to be **up to my ears [eyes, eyeballs, neck]** in this job today.
오늘은 이 일에 전념해야 해.

I've gotta be in (this work) **up to my ears [eyes, eyeballs, neck]** for a while.
저 당분간 이 일에 완전히 몰두해야 해요.

1-15 | 습관적인, 버릇이 된,

형 habitual / accustomed / used / routinized
명 habit / routine
구 make a habit of / in the habit of

예문

Gina **is in the habit of** cleaning her room every day.
Gina는 매일 방청소하는 습관이 있어.

You need to **kick the habit of** vaping first.
우선 전자담배흡연 습관부터 끊을 필요가 있어.

참고 '습관을 끊다'는 표현으로 'get out of the habit of' 또는 'break the habit of'를 쓸 수도 있다.

I attempted to quit smoking but failed to do it again because of the **long habit**.
나는 금연하고자 노력했지만 오랜 습관 때문에 금연에 다시 실패했어.

He that steals a pin will steal an ox.
(속담) 바늘도둑이 소도둑된다.
= He who steals an egg will steal an ox.

Old habits die hard.
(속담) 오랜 습관을 버리기는 쉽지 않다. (제 버릇 개 못준다.)

It's hard to kick a habit.
(속담) 세살 적 버릇이 여든까지 간다네.

Once a flirt, always a flirt.
(속담) 바람둥이는 고쳐지지 않는다.

What's learned in the cradle is carried to the grave.
(속담) 세살적 버릇 여든까지 간다.

1-16 집착하는, 강박적인, 피해의식 있는, 공황장애의, 자폐성의

형 obsessed / fixated / compulsive / paranoid
명 obssession / paranoia / hysteria / compulsion / compulsion disorder
동 obsess / fetishize
구 be preoccupied (with ...) / be hung up (on ...) / be stuck on [with, in] ...

예문

He is a **compulsive** eater.
그는 걸신들린 듯이 이것저것 닥치는대로 먹는다.

Sandra **is obsessed [obsessing] with** Daniel.
Sandra는 Daniel에게 집착하고 있다.

I believe Tony **is** overly **obsessed [preoccupied]** with dating.
Tony는 연애에 지나치게 집착하는 것 같아.

I'm always **crushed by** obsessions.
난 늘 강박관념에 짓눌려 있어.

Sam has faced a lot of troubles in his life due to his **obsessive** personality.
Sam은 강박적인 성격때문에 살면서 수많은 고통을 겪어왔어.

Donna's dermatosiophobia caused her to **be fixated** on skin care.
Donna의 피부병 공포증은 그녀가 피부 관리에 집착하게 했다.

My wife's got a real **fixation on** cleanliness and spends many hours cleaning the restrooms every day.
아내는 청결에 대한 심한 집착으로 하루에 몇 시간씩 화장실청소를 한다.

Please don't **dwell [be hung up]** on trivial things.
사소한 일에 집착하지 말게나.

Laura is still **hung up [stuck] on** her ex-boyfriend.
Laura는 아직 옛 남자친구를 못잊고 있어.

What makes you **indulge** so much in sci-fi novels?
공상과학소설에 그토록 빠져드는 이유가 뭐야?

I **was immersed [absorbed] in** the game and neglected my studies.
게임에 몰입하느라 학업을 소홀했군.

I was a **compulsive** gambler.
= I **was addicted to** gambling.
= I **was obsessed with** gambling.
= I **was fixated on** gambling.
저는 강박적 도박 중독자였습니다.

If you **are addicted to** golf, you will distance yourself from tennis.
골프에 심취하면 테니스와 멀어지게돼.

Carol's **hysteria** only got worse as she got older.
Carol의 히스테리는 나이가 들수록 점점 심해지더군.

As usual, his **paranoia** is beyond everyone's imagination.
평소에 그의 편집증은 모두의 상상을 뛰어 넘어.

In spite of the reassurances from her colleagues, Jenna's **paranoid** tendencies lead her to believe everyone in the office is secretly talking about her.
동료들이 (그렇지 않다고) 확인을 해 줘도 Jenna는 피해망상적 성향 때문에 사무실의 모든 사람이 몰래 자기에 관해 이야기하고 있다고 믿어요.

Don must be so **obsessive-compulsive**, because he sanitizes his hands more than 10 times on average per day.
Don은 지나치게 강박증세를 갖고 있는 게 틀림없어. 하루에 10번도 넘게 손 소독을 한다.

형 cheerful / merry / pleasant / lively / joyous / bubbly / sporty / jolly / happy-go-lucky / merry-making / slap-happy / convivial / jubilant / sprightly / unworried / unconcerned

명 merrymaker / entertainer / gas

동 make merry / revel (먹고 마시고 흥겹게 놀다) / party (파티를 하면서 즐거운 시간을 갖다) / jubilate (어떤 좋은 일이나 굿뉴스에 환호하거나 춤을 추며 기뻐하다) / carouse (술 마시며 놀다)

구 have a ball [blast] (파티 등을 하면서 신나는 시간을 갖다) / kick up one's heels ((스트레스를 풀거나 어떤 일을 축하하기 위해) 즐거운 시간을 갖다) / live it up (재미와 즐거움을 누리며 생활하다, 즐거운 시간을 갖다) / paint the town red (엄청 마시고 놀면서 다니다)

참고 gay: 오랜 동안 '유쾌한, 명랑한, 흥겨운' 의미로 사용되어 왔는데 근래에는 주로 동성애를 뜻하므로 사용에 주의 merrymaker: 파티나 축하 자리에 열심히 참석하는 등 유쾌하고 즐거운 사람

예문

Erica is so **bubbly** and loves talking to people.
Erica는 발랄한 성격이라 사람들에게 말걸기를 좋아한다.

Tom is always **cheerful** and positive. He must be a ray of sunshine.
Tom은 늘 쾌활하고 긍정적이야. 아주 성격이 밝은 친구이다.

Daniel is **merry** anytime, anywhere.
Daniel은 언제 어디서나 쾌활해.

My brother is such a **jolly** individual. He always makes people laugh with his hilarious jokes.
우리 형은 아주 둥글둥글한 사람이라서 익살스런 농담으로 주변 분들을 항상 웃게 만든다.

Your face looks **animated** today. Any good news?
오늘 네 표정이 참 활기가 있어 보이네. 뭐 좋은 소식이라도 있니?

My friend Michael is a **happy-go-lucky** guy. He really seems unconcerned - always, well almost.
제 친구 Michael은 유쾌한 친구죠. 정말 걱정이 없는 것 같아요. 언제나, 음, 거의 언제나요.

Erica is **a barrel of laughs**.
Erica는 폭소 유발자야.

The guy is a **cheery party**.
그 친구 아주 유쾌한 친구더만.

Frank Sinatra was known to be a real **gas**.
Frank Sinatra는 정말 유쾌한 [즐겁게 해주는] 사람으로 알려져 있었죠.

참고 gas: 사람들이나 상황 (파티, 이벤트 등)을 즐겁게 해주는 사람이나 일을 뜻하는 속어로 종종 사용되며, 가산명사이므로 앞에 a를 사용한다.

Becky is always **slap-happy**.
Becky는 무턱대고 늘 좋기만 해.

It's Friday night, time to forget about work and **kick up our heels**.
금요일 밤입니다! 일은 잊고 즐겁게 놀 시간이죠.

Don't be afraid to splurge a little and **live it up** on your birthday. You deserve it!
생일에 주저 말고 돈도 좀 쓰고 즐겨봐. 넌 그럴 자격이 있어!

In college, we used to **paint the town red** on weekends, attending the best parties around the campus.
대학 시절에 우린 주말이면 캠퍼스 주변의 최고의 파티들을 돌면서 엄청 마시고 놀고는 했지.

[사진] 미국 the University of Wisconsin-Madison 캠퍼스 바로 근처 동네에서 해마다 봄 학기 말 시험이 다가오면서 한 해 동안 학업과 다가오는 시험 준비의 스트레스를 날려버리기 위해 열리는 block party에서 젊은이들이 hip hop-rock 밴드의 음악을 신나게 즐기고 있다. 미국 내 캠퍼스 block party로 유명한 이 날 오후-밤에 엄청 마시는 학생들이 적지 않다.
사진 © 박우상 (Dr. David)

형 active / energetic / vigorous / dynamic / driving / driven / bouncy / vibrant / robust / peppy / exuberant / high-powered / (high-)spirited / kicking / lusty / strenuous

명 vitality / vigor / energy / stamina

구 hale and hearty / bursting [brimming] with vitality [energy, stamina, vigor] / fit as a fiddle / strong as an ox / high voltage / in high [good] spirits / up [alive] and doing [kicking] / full of beans [go] / bright-eyed and bushy-tailed

예문

Taylor Swift is a strong and **vigorous** entertainer.
Taylor Swift는 활기 넘치는 연예인이다.

Ms. Simpson was so happy to meet **bright-eyed and bushy-tailed** pupils in her class on the first day of the new school year.
Simpson 선생님은 학년 첫날 수업에서 구슬같은 눈망울에 활발한 학생들을 만나서 무척 기뻤죠.

참고 bright-eyed and bushy-tailed: 똘망똘망한 눈빛에 활발하게 다니는 아이를 눈이 빛나고 꼬리 털이 수북한 활기찬 다람쥐 (squirrel)에 비유한 표현

Vincent van Gogh is a **driven [driving]** artist.
Vincent는 열정적 예술가야.

Scarlett is the most [highly] **motivated [driven]** player in our volley-ball team.
Scarlett은 우리 배구 팀에서 가장 적극적인 선수야.

Nancy is **alive and kicking [hale and hearty]** in her 80s.
Nancy는 80대인데도 정정하신 분이야.

Mr. Park is really a **powerhouse**.
박 선생님은 아주 정력이 넘치는 사람이야.

He is a young man **in [of] full vigor [vitality]**.
그는 아주 혈기왕성한 젊은이야. (= be full of youthful vigor [vitality])

Tiffany is now **in her heyday** of youth.

Tiffany는 지금이 전성기 [리즈시절]이야.

> **참고** 리즈시절: 스포츠선수나 연예인의 전성기를 의미하는 온라인 신조어이다. 그 유래는 1990
> 년대 말부터 영국의 프리미어리그 선수였던 Smith Allen이 Leeds Utd.에서 뛰어난 활약을
> 펼치다가 타팀으로 옮겼지만 Leeds 시절만큼은 아니었다. 그의 이런 활약상을 두고, '리즈
> 시절'이란 말이 등장하였고, 차츰 셀럽들의 '전성기'를 지칭하는 일상표현으로 자리를 잡게
> 되었다.

Henry was so **bubbly** and funny that we burst into laughter whenever we met him.

Henry는 아주 기운이 넘치는데다 익살스러워 만날 때마다 우리는 배꼽을 잡았어.

As you know, John is such a **live wire**.

알다시피, John은 에너지가 철철 넘치는 친구라구.

My boss is **in good [high] spirits** most of the time.

내 보스는 대부분 기분이 좋아.

John: When in college, I was really **full of beans**.
Audrie: So was I. Who wasn't?

John: 대학 시절이 나 정말 팔팔했지.
Audrie: 나도 그랬지. 누가 안그랬어?

> **참고** full of beans: energetic and in high spirits; 활력과 기백이 넘치는, 팔팔한.
> 종종 inexperienced and naive (미숙하고 순진한, 뭘 모르는)이라는 의미를 함축한다.

형 depressed / gloomy / low / blue / moody / melancholy / downbeat / sullen / morose / broody / dour / sulky

구 be [get] down in the mouth [dumps] / be [get] in the sulks / pull [wear] a long face / be in a funk

예문

Laura's been very **depressed** and upset about this whole situation.
Laura는 이 모든 상황에 대해 우울하고 속상해한다.

I feel **gloomy [moody]** for no reason.
난 이유없이 우울해.

Do you know why Nancy seems to feel **blue** lately?
최근에 왜 Nancy가 아주 우울해졌는 지 아니?

Mathew has been walking around **pulling a long face [with a long face]** all day.
Mathew는 종일 몹시 우울한 기분으로 서성였다.

Please don't **feel/be down in the mouth [dumps]** anymore.
제발 이제 그만 그렇게 축 쳐져 있지 마시구요.

John seems to have been **in a real funk** since his girlfriend left him.
여자 친구가 떠난 후 John이 아주 침울해진 것 같아.

형 humorous / witty / funny / comical / amusing / hilarious / quick-witted / jocular

구 have someone in stitches / crack a joke (유머를 터트리다)

예문

Humorous people are popular in society.
사회에서는 유머 감각 있는 사람들이 인기 있다.

Isaac had a temper but was also **witty**.
Issac은 성깔이 있지만 동시에 위트있는 사람이었다.

You are a real **joker [jokester]**. You know exactly how to make people laugh.
넌 정말 유머가 있어. 어떻게 하면 주위의 사람들을 웃게끔하는지 정확히 알고 있는 것 같아.

Youngjoo has a great sense of **humor**. She keeps everyone's spirits up.
영주는 아주 뛰어난 유머감각이 있어서 사람들의 기분을 좋게한다.

Sarah's **jokes** always **have us in stitches**.
Sarah의 농담은 늘 우리를 배꼽 잡게 한다.

Tony is the king of **one-liners putting a smile on our faces**.
토니는 짧은 농담으로 우리의 얼굴을 환하게 만드는 데 대가이다.

Whenever thinc too serious, Linda has a talent for **cracking a joke** that brings a smile to everyone's face.
상황이 너무 심각해질 때면 언제나 Linda는 모든 사람의 얼굴에 미소를 띄게 하는 조크를 터트리는 재주가 있죠.

형 boring / dull / dry / bland / uninteresting / cheerless / tedious / drab / insipid / square / lame / tame / vanilla / stale / wearisome / deadpan / spiritless / lifeless / lackluster / ho-hum / expressionless / dreary / prosaic

명 bore / snooze / square / drag / plain Jane

구 (as) dry as dust / (as) exciting [boring] as watching grass grow / (as) boring as [like] watching paint dry / nothing to write home about / flat [boring] like [as] a pancake / (as) dull as dishwater / all work and no play

예문

Stop me if I'm **boring** you.
내 말이 지루하면 그만하라고 해.

Kimberly divorced her worthy but **dull** husband.
Kimberly는 훌륭하기는 하지만 재미없는 남편과 이혼했다.

Patricia talks in a **monotone** voice and seldom shows enthusiasm.
Patricia는 단조로운 목소리로 말하면서 좀처럼 열정을 보여주지 않는다.

Tall people always turn out to be **insipid**.
키큰 사람치고 싱겁지않은 사람없지.

Thomas is a **deadpan** guy.
= Thomas **is [has, shows] nothing to write home about**.
Thomas는 표정이나 반응이 없는 [따분한] 친구야.

Thomas always **has a blank expression on his face**.
Thomas는 항상 얼굴에 별 표정이 없어.

Linda rarely smiles or says a joke. When it comes to fun or excitement, she's **like watching paint dry**.
Linda는 미소를 짓거나 농담을 하는 법이 거의 없어. 재미랄지 신나는 거라면 페인트 칠 한 게 마르는 걸 보는 듯해 (엄청 재미 없어).

1-22 순진한, 순수한, 천진난만한, 어린애 같은

형 innocent / naive / childlike / childish / pure / puppyish / babyish / goofy / inexperienced / simple-minded / pure-hearted / wide-eyed / ingenuous (as a lamb) / green / gullible / guileless / artless / doe-eyed / dewy-eyed

명 greenhorn / airhead / bubblehead / nestling (둥지 속의 새끼 새 처럼 순진한 사람)

구 innocent as [like] a newborn babe [a lamb] / green as grass / wet [green] behind the ears / born yesterday / pure as the driven snow / sugar and spice / wide-eyed [bright-eyed] and bushy-tailed / pure as a dove / sweet summer child / pure as the driven snow

참고 childlike는 '어린이처럼 순수한, 순진한'의 의미로, childish는 '어른이 애처럼 철없이 행동하는'의 부정적 어감
naive: 순진한데 세상물정 모르는 사람이라는 부정적 또는 꼬집는 어감
innocent: 순진한 (죄가 없는) 이라는 긍정적 의미
greenhorn: 순진하거나 경험이 없는 사람 (그래서 속기 쉬운 사람); 어떤 분야, 직장, 그룹에 처음 온 사람; 새로 온 이민자

예문

Anthony has a **childlike** innocence.
Anthony는 어린애같은 순수함을 지녔다.

Jane is so sincere and **ingenuous** that everyone likes her.
Jane은 너무나 성실하고 순진해서 모든 사람이 그녀를 좋아한다.

Hudson looked **naive**, like a yampy.
Hudson은 바보처럼 순진해보였다.

Cecilia is such a **pure soul**. She always puts others before herself.
Cecilia는 아주 순수한 영혼의 소유자이다. 자신보다 남을 늘 먼저 배려한다.

The **wide-eyed** intern, fresh out of college, entered the corporate world with an eager curiosity and an **innocence** and charmed even the most seasoned professionals in the office.

대학을 막 나온 그 순진한 인턴은 열심인 호기심과 순진함으로 회사 세계에 입문해서 회사 내의 가장 노련한 프로들까지도 매혹시켰다.

Tony is **wet [green] behind the ears**, even in his forties.

Tony는 40대인데도 어린 아이처럼 순진하네요.

참고 wet behind the ears는 귓등이 부드럽고 촉촉한 어린 아이의 귀에 빗대어 표현한 숙어.

Catherine is **a babe in the woods** when it comes to dating.

Catherine은 데이트에 관해선 정말 순진한 여자이다.

참고 babe in the woods: 핵심 = innocent, naive, inexperienced

1-23 밥맛 없는, 불쾌한, 역겨운, 즐겁지 않은

형 unpleasant / disgusting / disagreeable / annoying / obnoxious / lame / nerdy / creepy / dorky / dweebish [dweeby] / repugnant

명 (특히 명사 표현들이 많고 자주 사용됨) idiot / moron / nerd / jerk / creep / dork / dweeb / twerp / (Joe) Schmuck / turnoff / asshole (비속어, 사용에 주의) / dipshit / prick / tool / dick / nucklehead / bonehead / jackass / nimrod / wanker (주로 영국 비속어) / tosser (주로 영국 속어)

예문

While Franklin D. Roosevelt was in the White House, many affluent Republicans called him a **dork** and even a traitor.

Franklin D. Roosevelt 대통령 (FDR, 1882-1945, 제 32대 미국 대통령)이 백악관에 있는 동안 많은 부유한 공화당 사람들은 그를 밥맛 없는 놈 그리고 반역자라고까지 불렀죠.

[사진] Roosevelt's Funeral Procession (장례 행렬): 미국에서 가장 많은 국민들의 사랑을 받았던 (그리고 최고 부유층 미국인들로부터 가장 미움을 받았던) 대통령 Franklin D. Roosevelt가 4번째 임기 재임 중에 뇌출혈로 사망하고 고인을 실은 영구 마차가 수많은 시민들이 길 가에 서서 오열을 하며 작별을 고하는 가운데 the White House를 떠나 Washington, D.C.의 Pennsylvania Avenue를 따라 행진하고 있다. [사진제공] U.S. Library of Congress

[사진] FDR의 장례열차가 떠날 때 애도하는 (그가 사랑하던, 그리고 죽음을 맞은) Georgia 주 Warm Springs의 시민들. 사진: Franklin D. Roosevelt Presidential Library & Museum

Former Democratic Vice-President Al Gore said he didn't have any problem with Republicans. As for him, the real **turnoffs** were opportunists without any conviction.

전 (민주당) 부통령 Al Gore는 공화당 사람들과는 아무 문제가 없다고 했다. 그로서는 진짜 밥맛 없는 자들은 아무런 신념 없는 기회주의자들이었다.

My boss is downright **obnoxious**. He seems to think all his people are nothing more than small cogs in the huge corporate machine.

제 보스는 완전 밥맛 없는 사람일 따름이죠. 자기의 전 직원들이 거대한 회사 기계의 작은 한 톱니바퀴에 불과하다고 생각하는 것 같아요.

The **(Joe) Schmuck** thought he had struck gold with the get-rich-quick scheme, only to realize he had fallen for another dubious investment.

그 얼간이는 자기가 그 일확천금의 계획으로 대박을 냈다고 생각했지만 결국 또 하나의 의심스러운 투자에 속았다는 것을 깨닫게 되었다.

형 deceptive / untrustworthy / shrewd / sneaky / crafty / foxy / tricky / sly / slick / cunning / two-faced / artful / wily [← wile (명)] / treacherous / snake-like / underhanded / shady / slimy / Machiavellian

명 con artist / backstabber / double-dealer / smooth operator / slickster / Judas

구 snake in the grass / shady character

주의

clever vs. shrewd:
한국에서는 clever가 대부분의 영단어책이나 사전에 '총명한, 영특한'의 긍정적 의미로 설명되어 있는데, 영어 원어민들이 실제 clever를 사용하는 의미는 '잔머리를 굴리는, 자기 이익만을 생각하는' 등의 부정적인 표현으로 사용되는 경우들이 상당히 많다.
이와 유사하게 shrewd 역시 '통찰력이나 탐지력이 예리한'의 긍정적 의미도 있지만, artful, tricky, cunning, deceitful/deceptive 처럼 '교활하거나 속임수를 쓰는'의 부정적인 의미로 쓰이는 경우들이 적지 않다.

예문

Ezra is really **sneaky [crafty, foxy, tricky, sly, cunning, artful]**.
Ezra는 아주 교활한 사람이야.

He's a **(sly) (old) fox [dog]**.
그는 교활한 사람이야

참고 sly (old) fox [dog]의 경우 뒤에서 은근슬쩍 교활한 생각이나 행위를 하는 사람을 종종 일컫는 것이 사실이지만 그 의미를 한국어처럼 심각하게 받아들일 필요는 없다. 원어민은 이 표현을 상대방을 비난하거나 경멸하는 의도가 전혀 없이 놀리거나 농담처럼 하는 경우들이 많음에 유의해야 한다.

Please watch out for Peter. He is a real **snake in the grass**.
Peter는 요주의 인물이야. 언제 돌변/배반할 지 모르는 (위험한) 친구야.

참고 힌두어에서 유래한 표현으로 '배신자, 위선자'의 의미로 자주 사용된다.

Don't trust the guy too much. I hear he's such an **artful [crafty, smooth] operator.**
그 친구 너무 신뢰하지 마. 아주 술책꾼이라고 들었어.

The city streets are filled with **con artists** looking to take advantage of unsuspecting tourists, so it's essential to stay cautious.
그 도시의 거리들은 순진한 관광객들을 속일 작정인 사기꾼들로 가득해. 그러니까 조심해야 하고 있는 것이 필수적이야.

The pickpocket moved through the crowded market like a **smooth operator,** skillfully lifting wallets without anyone noticing.
그 소매치기는 아무도 모르게 능숙하게 지갑을 빼내면서 마치 노련한 작업자처럼 붐비는 시장을 헤집고 다녔다.

형 humble / modest / simple / unassuming / unpretentious / low-key [profile] / self-effacing / understated

구 down to earth [down-to-earth] / keep a low profile [key] / fly under the radar / keep it real / (as) quiet as a mouse / (as) modest as a violet / eat humble pie

예문

Christopher is a man of few words, very polite and **unassuming**.
Christopher는 과묵하고, 점잖으며 겸손한 사람이다.

Be **humble** enough to learn from your mistakes.
겸손한 자세로 자신의 실수에서 배워라.

Deborah is very **modest** about her success.
Deborah는 자신의 성공에 대해 아주 겸손하다.

Cynthia is a **down-to-earth** woman without pretensions.
Cynthia는 전혀 잘난 체 하지 않는 겸손한 여자이다.

참고 down-to-earth는 '실천적인 (실제적인, 현실적)'의 의미로도 사용된다.

My boss is a truly **humble** soul. He never brags about his accomplishments.
보스는 정말 겸손한 분이다. 결코 자신의 성과를 자랑하는 법이 없다.

Jane is a real **self-effacing** woman. I've never seen her make others feel inferior.
Jane은 정말 겸양의 미덕을 알고 있는 여성이다. 그녀가 다른 이들을 기죽게 하는 것을 여태 본 적이 없다.

The smartest student in my class **keeps a low profile** most of the time.
내 클래스에서 가장 총명한 학생은 대부분 자기를 드러내지를 않는다.

Jane, known for her humility, never hesitated to **eat humble pie** and admit when she was wrong.
겸손함으로 잘 알려져 있는 Jane은 자기가 틀렸을 때 겸손해지고 인정하기를 주저하지 않죠.

1-26 권위적인, 위압적인, 강압적인, 지배적인

> **형** bossy / high [heavy]-handed / overbearing / domineering / overpowering / iron-fisted / authoritarian / tyrannical / totalitarian / dictatorial / despotic
>
> **명** control freak / Captain Control / puppeteer / boss from hell / the Enforcer / taskmaster / iron fist / drill sergeant / micromanager / queen bee (여성) / whip-cracker / the Overlord / the Dominator / ruler of the roost / hard-ass (비속어) / dictator / tyrant / authoritarian / despot / autocrat / totalitarian / the Totalitarian Tornado
>
> **동** control / crush / cow / dominate / overpower / overbear / micromanage / bulldoze / steamroll / outmuscle
>
> **구** call the shots / (be) on a power trip / lord it over (someone) / throw one's weight around / ride roughshod (over someone) / hold sway / pull the strings / run the show / hold the reins / play the puppet master / tighten the screws / wield influence

예문

Few employees like an **overbearing boss**.
위압적인 보스를 좋아하는 직원은 거의 없죠.

It is the President who **calls the shots** in the federal government.
연방정부에서 가장 권위적인 결정을 내리는 사람은 대통령이다.

Many people in our department think of Hillary as a **control freak**.
우리 부서에 많은 사람들은 Hilary를 독불장군이라고 생각해요.

참고 control freak: 남들 위에 군림하고 조종하지 않고는 못 견디는 사람

Many moms want to **be on a power trip** in their children's classes.
많은 엄마들이 자기 아이들의 학급에서 위세를 떨려고 한다.

The new manager, eager to assert **authority**, started **throwing his weight around** the office, making unilateral decisions without considering the team's input.
자기 권한을 행사하는 데 열심인 새 매니저는 팀의 의견을 고려하지 않고 일방적인인 결정들을 내리면서 부서 내에서 힘을 과시하기 시작했다.

Tony loves to **lord it over** his classmates when he gets a good grade. He can be so **smug** about it.

Tony는 좋은 성적을 받을 때는 급우들에게 군림하길 좋아하죠. 너무도 으쓱거릴 수가 있어요.

The boss's **domineering** behavior, resembling a **drill sergeant** on the training ground, created a tense work environment, discouraging open communication among team members.

그 보스의 훈련장에서의 유격 조교를 닮은 위압적인 행위는 긴장된 근무 환경을 조성해서 팀원들 간에 열린 소통을 저하시켰습니다.

The teacher gained a reputation as a **hard-ass** because of her strict rules and refusal to tolerate any disruptions in the classroom.

그 선생님은 엄격한 규칙들과 수업에서 어떤 방해도 허용하기를 거부하는 것 때문에 강압적인 꼰대로 정평이 나 있어.

During the rehearsal, the director's **bossy** attitude emerged as she attempted to **play the puppet master**, manipulating the actors into delivering their lines exactly as she pleased.

리허설 동안에 그 감독은 배우들이 자기가 좋아하는 바로 그대로 대사를 전달하도록 조종하고 왕초 노릇을 하면서 권위적인 태도를 드러냈다.

1-27 거만한, 교만한, 오만한, 건방진

형 arrogant / proud / haughty / (self)-conceited [important, confident, assertive] / superior / prideful / stuck-up / swelled-headed / cocky / overbearing / domineering / smug / condescending / snooty / snotty / big-headed / pompous / pretentious / blimpish / holier-than-thou

동 swagger / domineer / overbear

구 (have a) swelled head / (be a) swellhead / act all-knowing / go [get, act] (all) high and mighty (on someone) / put on airs / be full of oneself / act [play] high and mighty (over ...

주의

condescending: 자신을 낮추고 상대방을 치켜 주는 듯한데 사실은 자신의 우월함을 감추고 있는 양면적 태도를 표현. 동사형 condescend (자동사)도 종종 사용된다.

Shirley's strong sense of **pride** makes it difficult for her to build up solid friendships.

Shirley의 지나친 자존심으로 그녀가 단단한 우정을 쌓아올리는 일은 쉽지 않다.

Isaiah is **haughty** and **self-conceited**.

Isaiah는 거만하고 자존심이 강한 친구야.

Josiah might **come off as stuck up** and **cocky** at first, but he's not so bad once you get to know him.

Josiah는 처음에는 콧대 높고 잘난 척 하는 것처럼 보일 수 있는데, 알고 보면 그렇게 나쁘지 않아.

Andrew walked with something of a **swagger**.

Andrew는 제법 거만한 모습으로 걸었다.

He's such **a stuck-up** guy who treats his wife like dirt.

그자는 아내를 홀대하는 아주 시건방진 놈이야.

He **has a swelled [swollen] head**.

그는 머리 속에 자만심이 가득해.

Don't talk about Mason. He's a real **pompous** jerk.

Mason에 대해선 말도 꺼내지마. 아주 거만한 밥맛없는 놈이야.

The boss **acts high and mighty** all over the department.

그 보스는 부서 전체에서 오만하기 짝이 없어.

Most people in our department get turned off by the way our boss **puts on airs**.

우리 부서의 대부분 사람들은 우리 보스가 거만하게 구는 걸 밥맛 없어 하죠.

> **참고** put on airs: 건방지게 행동하다, 시건방 떨다. 복수형인 airs로 표현

James is always trying to **act like a big shot**.

James는 늘 자신이 거물급 인사인 것처럼 (거만하게) 행동한다.

> **참고** big shot [gun, cheese, wig, fish]: 거물, 또는 (어떤 분야에서) 저명하거나 중요한 사람 (hotshot

형 confident / proud / self-assured

명 self-respect [esteem, assurance] / pride

구 (as) confident as a peacock / radiate confidence / hold one's head high / own it / sure of oneself / with one's chin up / walk(ing) tall

예문

Due to his **strong ego** Daniel hates asking for help.
강한 자아로 Daniel은 도와달라고 부탁하기를 아주 꺼린다.

Samuel is a **man of honor**.
Samuel은 명예를 소중히 여기는 사람이다.

When questioned about her way of preparing for the tennis championship match, Katie simply smiled and said, "I **own it**," embracing her unique self-confidence.
테니스 결승 시합을 준비하는 그녀의 방식에 관해 질문을 받았을 때 Katie는 그냥 웃으며 말했습니다. 자기만의 독특한 자신감을 받아들이며 "그건 제 영역이죠" 라고.

John's academic achievements not only made his parents proud but also contributed significantly to boosting his **self-esteem**, providing a strong foundation for his future endeavors.
John의 학업 성취는 그의 부모님을 자랑스럽게 했을 뿐만 아니라 자신의 자긍심을 상당히 향상시키는데도 기여하여 그의 미래의 노력을 위한 강한 기반도 제공했다.

형 wise / pretentious

동 pretend / act like [as if / as though] one knows it all [everything]

명 know-it-all / Mr. [Ms.] Know-it-all / smarty-pants / smart Alec(k) / wise guy [wiseguy] / wiseacre / show-off / intellectual snot / clever Dick [cleverdick] / clever clogs (주로 영국)

구 think oneself somebody / think highly of oneself / assume [put on] airs (and graces) / give oneself airs (and graces)

예문

Elias always **behaves as if [like] he is [was] somebody**, but he's actually a phony.
Elias는 늘 자신이 중요한 뭐라도 되는 것처럼 행동하지만 실은 뻥이야.

Don seems like **a big fish [frog] in a small pond [little puddle]**. He doesn't know how large this world is at all.
Don은 우물안 개구리같아. 이 세상이 얼마나 넓은 지 전혀 몰라.

I hate Joseph. He is such a **show-off**.
난 Joseph을 정말 싫어해. 너무 잘난 체 하거든.

Jimmy is such a **know-it-all**.
Jimmy는 잘난 체가 심한 인간이야.

She tries to give me unsolicited advice **like she's an expert on every issue**.
그녀는 자신이 매사에 전문가인 것처럼 나에게 원치 않는 조언을 하려고 해.

Despite being a novice in the kitchen, the wiseguy in the cooking class couldn't resist **pretending to know everything** about gourmet cuisine, much to the amusement of the seasoned chefs.
주방에서는 왕초보이면서도 그 요리 클래스에서의 잘난척 하는 친구는 미식 요리에 관해서 모든 것을 아는 척하고 나서서 노련한 셰프들을 많이 즐겁게 했지.

형 servile / obsequious / unmanly

명 flatterer / sycophant / toady / brown-nose(r) (비격식) / apple polisher (비격식) / suck-up (비격식)

동 flatter / crawl / kowtow (to someone) / fawn (over someone) / adulate / brown-nose / curry favor (with someone)

구 suck [kiss] up to / butter up / polish apples / lick (up) someone's boots

예문

Joshua was **subservient** and **servile**.
Joshua는 비굴하게 굽실거렸다.

Jake is a typical **apple polisher**.
Jake는 전형적인 아첨장이죠.

Nathan is good at **flattering [buttering up]** the powerful.
Nathan은 권력자들에게 아첨을 잘한다.

I don't trust Tim because he is a real **yes-man**.
나는 Tim이 늘 소신없이 처신하기 때문에 별로 신뢰하지 않아.

Honestly, Ben is a real **brown-noser [brown-nose]**.
솔직히 말해 Ben은 못말리는 아첨꾼이다.

The secretary always tries to butter up her boss. I believe she is a professional **suck-up**.
그 비서는 상사의 환심을 사려고 늘 애를 쓴다. 그녀는 아주 전문적인 아첨꾼이야.

Many Republican politicians who had **curried favor with** President Nixon turned their backs when they heard of the Watergate scandal.
Nixon 대통령의 환심을 사려고 알랑방구 뀌던 많은 공화당 정치인들이 (Nixon이 불법적 행위로 재선에 당선된) 워터게이트 스캔들을 들었을 때 등을 돌렸다.

[사진] 평생 열심히 공부하고 일하는 모습을 견지하고 보수적인 공화당 (the Republican party) 대통령이면서도 냉전의 시대에 공산 중국과의 데탕트 (détente, 해빙/우호 관계)를 실현하고 소수인종과 여성의 권리를 신장시키는 정책인 'affirmative action' (긍정적 행동)을 강화하고 근로자들의 임금과 노인들의 사회보장 (social security)을 향상시키고 환경보호를 강화하는 등 훌륭한 업적들을 남겼지만 불법적인 방법을 사용하여 재선에 당선된 Watergate 스캔들로 인해 임기 중에 사임함으로써 미국 정치사에 가장 불명예스러운 대통령으로 기억되는 Richard M. Nixon 대통령 (1913-1994; 37대 대통령, 1969-74)
사진제공: U.S. Library of Congress

형 proactive / self-driven / driven / self-motivated

명 go-getter / self-starter / initiative-taker / intrinsic motivation / eager beaver / firecracker / ball of fire / hustler / self-motivator / powerhouse

구 seize [take] the initiative [lead] / be like a car driven by a motor / be in the driver's seat / march to the beat of one's own drum / dance to one's own tune / follow one's own path / chart one's own course / paddle one's own canoe, set one's own pace

예문

My father is a very **proactive** person in the way he lives his life.
나의 아버지는 당신의 인생을 아주 적극적인 태도로 살아가는 분이다.

Adams always tends to **seize the initiative** at work.
Adams는 직장에서 늘 주도적으로 나서려는 편이다.

If this project is completed in time, you need to **take matters into your own hands**.
이 프로젝트를 시간안에 마치려면, 네가 주도적으로 나설 필요가 있어.

Please do not hesitate to **tackle challenges**. You should **take the bull by the horns and tackle them head-on**.
도전들을 앞두고 주저하지 마세요. 적극적인 태도로 앞에 있는 도전들에 대해 정면으로 맞서야 합니다.

Newman has prepared for his new assignment by **hitting the ground running**.
Newman은 새로운 과제를 아주 적극적인 태도로 준비해왔다.

참고 hit the ground running: 적극적이고 활력있게 일을 추진하여 초기부터 만족스러운 성과나 결과를 보일 때의 표현으로 직업이나 일을 할 때 자주 사용되는 idiom이다.

Donald tried to **go the extra mile** to achieve his goals.
Donald는 목표를 이루기 위해 적극적으로 노력했다.

형 passive / submissive / obedient / spineless

명 pushover / yes-man [-woman] / doormat / lapdog (lap dog) / puppet / sheepie / bootlicker / sheeple (sheep + people의 합성어로 무리를 따라가는 양처럼 소극적으로 또는 줏대 없이 다수나 결정권자를 따르는 사람)

구 shrinking violet (수줍어하고 사람들과 잘 어울리지 못하며 자신감이 없는 사람) / follow orders / go with the flow / under someone's thumb / take a back seat / lacks any sense of agency

예문

In their workplaces, many employees feel they have to say 'how high' when their bosses say 'jump' to hold on to their jobs.
많은 직장인들이 직장에서 보스가 명령만 하면 아무 주저나 반대 없이 실행해야 한다고 느낀다.

I say jump, he says how high.
그는 내가 시키면 죽는 시늉까지도 하는 친구야.

Despite her talent and many bright insights, Emily was a shrinking violet at work, never voicing her ideas in meetings.
재능과 많은 총명한 통찰력에도 불구하고 Emily는 직장에서는 미팅들에서 자기 생각을 절대 말하지 않는 소심한 사람이었죠.

The family members are just like all passive bystanders in their own lives.
그 가족 일원들은 마치 하나처럼 자신들의 삶을 아주 수동적으로 사는 구경꾼들 같아.

Jimmy always worries about his son who takes a back [passenger] seat in life.
Jimmy는 삶에 아주 소극적인 태도를 보이는 그의 아들을 늘 걱정한다.

Since Jane just wants to go with the fashion, she lacks any sense of agency.
Jane은 오직 유행만 쫓을 뿐, 주체성이라고는 도무지 찾아 볼 수 없어.

Marketing strategies often target sheeple, knowing they'll follow trends without much critical thought.
마케팅 전략들은 종종 수동적인 사람들을 타겟으로 하죠. 그런 사람들은 별 비판적 사고 없이 경향을 따를 거라는 것을 알고서 그렇게 하죠..

형 polite / gentle / respectful / courteous / well-behaved / chivalrous / decorous / deferential

명 politeness / courtesy / chivalry

예문

Ryan was always **polite** and **respectful**.
Ryan은 항상 예의바르게 행동했다.

Adrian is always **courteous** to his superiors.
Adrian은 윗사람들에게 항상 정중하다

Americans of the South emphasize that children should be **polite** and **well behaved** toward adults.
남부 미국인들은 어린이들이 어른들한테 예의바르고 올곧게 행동해야 (말을 잘 들어야) 한다고 강조한다.

Many Americans are **civil [civilized]** toward people with different opinions.
많은 미국인들은 의견이 다른 사람들에게도 매너가 좋다.

The shop owner was very **deferential** towards his customers.
가게주인은 찾아오는 고객들을 아주 공손하게 (굽신거리며) 대했다.

Jane was greatly impressed by Sean's **chivalrous** attitude, like sharing his umbrella and taking off his jacket for her.
Jane은 우산을 함께 쓰고 재킷을 벗어주는 Sean의 정중한 (기사도적인) 태도에 무척 감명을 받았다.

형 impolite / rude / disrespectful / ill-mannered [bred] / offensive / discourteous / unmannered / unmannerly / mannerless / impertinent / forward / fresh / crass / sassy / saucy / cheeky / uncouth / snarky / smart-alecky / insolent / churlish / boorish

명 boor / churl / lout / snot

동 sass (비격식: ...에게 예의 없게 대하거나 말대꾸 하다)

예문

People were quite often **rude** to Nolan.
사람들은 자주 Nolan을 무례하게 대했다.

I cannot take Aaron's **impolite** behavior anymore.
나는 Aaron의 예의 없는 행동을 더 이상 견딜 수 없다.

The strangers were talking to us like **mannerless** louts.
그 낯선 사람들은 우리에게 싸가지 없이 말했다.

I've never seen Leslie apologize when she makes a mistake. She is a very **offensive** individual.
Leslie가 자신의 잘못을 사과하는 것을 본 적이 없어. 아주 무례한 사람이라구.

In so many family dramas children **sass** their parents all too often. As far as I'm concerned, children shouldn't be **fresh** to their parents under any circumstances. I wouldn't raise **forward** kids, ever.
아주 많은 가족 드라마에서 아이들은 부모들에게 너무도 자주 무례하죠. 저로서는 아이들은 부모들에게 어떤 상황에서도 무례해서는 안 됩니다. 저라면 절대로 무례한 애들을 키우지 않습니다.

참고 fresh (to [toward, with] someone): ...에게 무례하다 (대들거나 따지거나 말대꾸하거나 하는 모습)

At the meeting, Harold was really **in your face**.
회의에서 Harold는 아주 직설적이었지.

1-35 뻔뻔한, 낯짝 두꺼운, 철면피의, 창피한줄 모르는

형 shameless / brazen / cheeky / thick-skinned / impudent / brushless / brazen-faced / impertinent / brashy

명 brass neck [nerve] / thick-skin

동 (have a) thick skin

예문

They are a **shameless** bunch.
그들은 염치를 모르는 놈들이다.

James often asks for favors from me, but never expresses his gratitude. He must be a **thick-skinned** person.
James는 걸핏하면 나에게 부탁을 하면서도 결코 감사를 표시하지 않았어. 아주 철면피 인간이야.

Colton looks naive but can be **cheeky [brazen]** sometimes.
Colton은 순진한 외모와는 달리 때론 뻔뻔하다.

This guy has such a **brass neck**.
이 남자는 정말 뻔뻔스럽다.

Brian is kind of a **brazen** person.
Brian은 꽤나 뻔뻔한 인간이야.

I really hate **audacious** Amy who often blames others for her problems.
자신의 잘못보다 남탓을 자주하는 뻔뻔스런 Amy를 난 정말로 혐오한다.

1-36 윤리적인, 도덕적인, 성인군자의, 정직한, 진실한, 양심적인

형 honest / ethical / moral / saintly / noble / conscientious / scrupulous / conscionable / virtuous / righteous / upright

명 saint

구 on the square / on the up and up / straight arrow/shooter / stand-up guy [gal] / good egg / on the level / good as gold / clean as a whistle / white hat / true blue / boy scout / go [play] by the book

예문

You are a genuine and **ethical** person.
당신은 양심적이고 윤리적인 사람이군요.

Luca led a very **moral** life.
Luca는 아주 도덕적인 삶을 살았다.

Luke will not want to engage in unethical or immoral deals. He is one of the **conscientious** friends I have met.
Luke는 비윤리적이거나 비도덕적인 거래에 개입되기를 원치 않을 것이다. 내가 만났던 양심있는 친구들 가운데 하나이거든.

My father always helps others without any rewards. He is like a **paragon of virtue**.
아빠는 아무런 댓가를 바라지 않고 남들을 항상 도와주신다. 정말 본보기가 되는 분이다.

Matthew has a **heart of gold**.
Matthew는 참 양심이 바른 친구야.

You can trust the guy. He is **on the level**.
그 친구 믿을만해. 아주 정직한 친구야.

James exemplifies the qualities of a real **nobleman**.
James는 진정한 성인군자의 면모를 보여준다.

Margaret is well known for a high sense of her morality. So she has been praised as a real **moral compass**.
높은 도덕성으로 잘 알려진 Margaret은 진정한 도덕적 가늠자로 칭송되어져 왔다.

Jennifer has strived to do what is right, living an **upright** life.
Jennifer는 정직한 삶을 살면서 바른 일을 실천하려고 애써왔다.

Donald didn't **play by the book** in filing his tax return.
Donald는 세금 보고를 하는 데 정직하게 하지 않았다.

1-37 비윤리적인, 부도덕한, 양심 없는

형 immoral / unethical / immoral / evil / unconscientious /
conscienceless / unprincipled / unscrupulous / unconscionable /
underhanded / corrupt

예문

Some **immoral** food producers have been producing food harmful to
health.
일부 부도덕한 식품 생산자들이 건강에 해로운 식품을 생산해 오고 있다.

I disagree with his **unethical** approach to politics.
나는 그의 도덕성 없는 정치적 접근법에 반대한다.

I could no longer just stand by and watch their **unscrupulous**
behavior.
나는 그들의 비양심적인 작태를 더 이상 보고만 있을 수 없었다.

I won't call Jimmy anymore, as I've come to know that he is a real
blackguard.
Jimmy가 아주 불한당인 것 알게 되었으니, 더 이상 난 그에게 연락하지 않을테야.

참고 blackguard: 명. 나쁜 놈, 불한당, 쓰레기, rogue, villain, scamp, scoundrel, rascal,
scumbag, knave, cad

Jake is a **black sheep**.
Jake는 망나니 녀석이야.

참고 가족들 가운데서 아주 괴짜이거나 돌연변이에 가까운 형제에게 쓴다.
black sheep: 옳바르지 않은 행동으로 부모나 가족에게 수치스럽거나 내놓은 자식

Scott was criticized for his **unprincipled** behaviors that always put his own profits above others.

Scott은 자신의 이익을 늘 우선시하는 부도덕한 처신들로 인해 비판을 받았다.

Danny was accused of engaging in a **corrupt** deal that violated the rule.

Danny는 그 규약을 위반한 비양심적인 거래에 연루되어 비난을 받았다.

The CEO's **immoral** actions led to his downfall and loss of reputation.

그 총재는 부도덕한 행위들로 인해 기세가 꺾이고 명예도 잃고 말았다.

The CEO was ousted immediately after his **underhanded** dealings with the company's finances were exposed.

그 CEO는 회사 재정을 비윤리적으로 다룬 것이 드러났을 때 즉시 해고되었다.

형 corrupt / immoral / amoral / sinful / indulgent / decadent / degenerate / depraved / reprobate / pleasure-seeking / hedonic / hedonistic / hanky-panky / promiscuous / licentious / unrestrained / debauched / dissolute / libertine / profligate / dissipated / lascivious

명 reprobate, hanky-panky [hankey-pankey]

예문

It's too painful to watch a **degenerate** person like him.
그토록 타락한 사람을 지켜보는 일은 정말 고통스럽다.

Hunter is a **corrupt** official accepting bribes
Hunter는 뇌물을 받는 타락한 공무원이야.

I started to feel a revulsion against their **decadent** lifestyle.
나는 그들의 퇴폐적인 생활방식이 역겨워지기 시작했다.

That **depraved** man abused children.
저 불량스러운 사람이 아이들을 학대했다.

Elena was not a gypsy but a **hedonist**.
Elena는 집시라기보다 쾌락주의자이다.

John's parents have tried to change his **reprobate** mind and behaviors with a therapist.
John의 부모님은 치료사와 함께 John의 타락한 마음과 행동들을 바꾸려고 애를 썼다.

The presidential candidate insisted that his opponent engaged in **hanky-panky** to gain an unfair advantage in the last election.
그 대통령 후보는 다른 후보자가 지난 선거에서 불공평한 잇점을 얻으려고 부정행위를 저질렀다고 주장했다.

Some of his novels were banned in the country due to their **lascivious** stories.
그의 소설들은 외설적인 스토리들 때문에 금지되었다.

형 easy / easy-going / (well-)rounded / smooth / gentle / agreeable / affable / suave / mellow / amiable / tolerant / level-headed / understanding

구 friendly neighbor / good [easy] company / open to other people [others' opinions] / accepting [forgiving] of others

예문

Mr. Brook is an extremely **affable and approachable** man.
Brook 씨는 정말 원만한 사람입니다.

Angela is an **amiable** girl and gets along with everyone.
Angela는 상냥해서 모두와 잘 지낸다.

Don is a **peacemaker** popular with classmates. He knows how to find a way to resolve conflicts with tact.
Don은 학우들 사이에서 인기있는 원만한 친구다. 그는 갈등을 해결하는 요령을 잘 알고 있다.

Lincoln was an **agreeable** leader very much accepting of other people's opinions.
Lincoln은 다른 사람들의 의견에 대해 대단히 수용적인 원만한 리더였다.

John looks like an **easy-going** guy. He possesses a talent to make others approach him easily.
John은 원만한 친구같아. 다른 이들이 쉽사리 다가오게끔 하는 재능을 가지고 있어.

Steven is a **well-rounded** individual who can make himself adaptable to various working environments.
Steven은 다양한 근무환경에 적응할 수 있는 원만한 사람이다.

As the salesman has an **agreeable** personality, he easily draws common ground and compromises to make deals work.
그 판매원은 매우 원만한 성격이라서, 쉽게 공통점을 찾아 타협하고 거래를 성사시킨다.

I always enjoy chatting with Kaye. She indeed has a knack for **putting people at ease**. She's such **good company**.
전 Kaye와 대화하는 걸 언제나 좋아하죠. 그녀는 정말 사람들을 편하게 해 주는 소질이 있어요. 함께 있으면 정말 좋은 사람이예요.

1-40 깐깐한, 까칠한, 비판적인, 까다로운, 냉소적인

형 picky / (over)critical / demanding / choosy / particular / fault-finding / hairsplitting / fussy / nit-picking / finicky / captious / carping / quibbling / fastidious

명 stickler / hairsplitter / hard case

구 find fault with ... / make a mountain (out) of a molehill / split hairs

Don't tell me to eat this. I have a very **demanding [particular]** taste.
나보고 이것 먹으라고 강요하지마. 난 식성이 아주 까다롭거든.

Jonathan is such a **neat [clean] freak**.
Jonathan은 엄청 깔끔해 (깔끔 떨어).

Abby, you are too much of a **stickler [hard case]** for formality. Can we go just a little easy?
Abby, 넌 너무도 격식을 따지네. 조금은 쉽게 갈 수 있을까?

참고 a stickler for ...: ...를 지나치게 따지고 고집하는 사람

Your main problem is that you are too **critical**.
넌 너무 따지려고 드는게 큰 흠이야.

Why are you gonna **make something out of nothing**?
왜 생트집을 잡으려고 그러는거야?

Easton **is always on my case**.
Easton은 항상 나를 못잡아 먹어서 난리야.

Why are you **making a mountain out of a molehill**?
왜 사소한 문제를 크게 만들어요/트집잡아요?

참고 make a mountain out of a molehill: molehill (두더지 언덕)으로 mountain (산)을 만든다 는 뜻에서 유래

형 unusual / odd / weird / strange / unique / special / nutty / quirky / distinctive / peculiar / eccentric / unconventional / oddball / screwball / of another kind / offbeat / another-guess / queer

명 oddball / odd man / weirdo / screwball / quirk (괴벽, 괴짜의 성격, 습관)

예문

In those days, those artists could seem **eccentric**.
그 시대에는 그 예술가들이 괴짜로 보였을 것이다.

Melissa is a really **weird** girl.
Melissa는 정말 기묘한 소녀이다.

Mike was without doubt a **unique** character.
Mike는 의심의 여지없이 특이한 친구지.

His suggestion was an **offbeat** idea.
그 제안은 상식과는 맞지 않은 엉뚱한 아이디어였어.

The guy is quite a **character**.
그 친구는 아주 괴짜더만.

Cooper is a **hard [tough] nut to crack**.
Cooper는 정말 이해하기 힘든 사람이야.

James is **one of a kind**. I've never met anyone like him.
제임스는 세상에서 유일무이한 사람이야. 난 여태껏 그같은 양반을 한 번도 본 적이 없어.

In the group of all techies, I felt like an **odd man out [oddball, screwball]**.
기술자들 집단에서 나는 별종 인간처럼 느껴졌다.

Sometimes, my girlfriend makes me **off my rocker**.
내 여친은 가끔 나를 완전히 이상한 놈 [괴짜]으로 만들어. (=off my nut; off my trolley)

참고 off one's rocker [nut, trolly, head]: 괴짜인, 평범하지 않은

1-42 외향적인, 사회성 있는, 사교적인

형 social / sociable / outgoing / friendly / neighborly / folksy /
gregarious / extrovert(ed)

명 extrovert / people person / party animal / partygoer / socialite /
social butterfly / life of the party / mixer / good-time Charlie (여자에
게도 사용) / mingler / social magnet / charmer

구 be on good terms with other people / get on [along] (well) with
others / be the heart of the crowd

예문

To be a good salesperson, you need to be an **outgoing** type.
훌륭한 세일즈퍼슨이 되려면 외향적인 타입일 필요가 있습니다.

Harry Truman was known to be a very **folksy** fellow.
Harry Truman은 아주 친근한 사람으로 알려졌죠.

Mary: Bill's such a **social [sociable, folksy]** guy. He's a real people
person.
Kasey: Well, perhaps he's more than that. He's a **party animal**.
Mary: Bill은 아주 사회적인/사교적인 친구예요. 정말 사람 좋아하는 (잘 어울리고 사귀는) 사람
이죠.
Kasey: 음, 어쩜 그보다 더하죠. 파티 광이거든요.

I'm more of an **extrovert [extroverted person]**.
전 외향적인 쪽에 더 가까워요.

Isaac is kind of a **gregarious** guy who is always **happy to be
around others**.
Isaac은 다른 이들과 어울리는 것을 좋아하는 퍽 사교적인 친구이다.

Mrs. Johnson **is on good terms with** her neighbors.
Mrs. Johnson **gets on [along] (well) with** her neighbors.
Johnson 부인은 이웃들과 사이가 좋습니다/잘 지냅니다.

He likes to **mingle [blend, mix] with** other people.
그는 다른 사람들과 어울리기 좋아해.

Luke is such a **man of the people**.
Luke는 아주 사교적인 사람이야.

I believe that Henry must be a typical **social butterfly**.
내가 보기에 Henry는 전형적인 사교적인 친구야.

Julia is a **people pleaser** who always makes me happy.
Julia는 늘 나를 행복하게 만들어주는 재미있는 친구다.

Casey's a **social climber** who is always trying to network with people of higher status.
Casey는 고위직들과 고리를 만드려고 늘 애를 쓰는 사교적인 사람이다.

참고 약간의 부정적인 어감을 주는 표현이다.

I'm **on friendly terms with** Stephanie now. We made up after that argument.
난 지금 Stephanie와 잘 지내고 있어. 싸운 후에 화해했지.

Whenever there's a gathering, you can count on Cathy to be there, laughing and joking - she's a real **good-time Charlie**.
사람들이 모여 있는 곳에서는 언제나 Cathy가 있어서 웃고 농담하고 있을 것을 기대해도 좋아요. 정말 사교적인 사람이죠.

형 shy / quiet / alone / lonely / lone / lonesome / solitary / reserved / withdrawn / standoffish / aloof / isolated / unsocial / asocial / outcast / introvert / introverted / inward-looking / forlorn / forsaken / people-averse / alienated / reclusive

명 loner / lone wolf / outsider / lone ranger [soldier, gunman] / wallflower / homebody / shut-in / misfit / party pooper / hermit / hermit crab / recluse / nerd cave

구 keep to oneself / left to oneself / keep a (social) distance / stick in the mud / odd man out / a fish out of water / one-man band / island unto oneself / (as) quiet as a mouse / fly under the (social) radar / stick to [keep] one's own bubble [company, circle]

예문

I felt very isolated in my new job.
나는 새 직장에서 몹시 고립감을 느끼고 있었다.

We spend all our life trying to be less lonesome.
우리 모두는 덜 외롭기 위해 일생을 보낸다.

Kevin often stands [stays] aloof from his classmates.
Kevin은 종종 급우들과 어울리지 않아.

After the bankruptcy of the company, he was left to himself.
회사가 파산한 후 그는 외톨이가 되었다.

Jane says she's a typical homebody.
Jane이 말하길, 본인은 전형적인 집순이라고 한다.

James felt like a lone ranger [soldier, gunman] in his new workplace.
James는 새 직장에서 외톨이 같은 느낌이 들었다.

Hello, lone soldier. Long time no see, no talk. How have you been?
안녕, 방콕씨. 오래 못 보고 말도 못 했네. 어떻게 지냈어요?

You'd better know Allen's such a lone wolf.
Allen은 매우 비사교적인 친구임을 알고 있는 게 좋아.

Tammy became a **social outcast** gradually.
Tammy는 사회적으로 점점 고립되어졌다.

At school he was always the **odd man out**.
학교 다닐 때 그는 늘 혼자만 겉돌았다.

Isn't she sort of a **wallflower**? Sometimes she doesn't blend in.
그녀는 좀 외톨이지 않아? 어떤 땐 어울리지 않거든.

참고 wallflower: 수줍음이 많고 사회적 활동이나 참가에 소극적인 사람

Being the only vegetarian at the barbecue surrounded by meat lovers made me feel like **a fish out of water**. I had to struggle to find something to eat.
육고기를 좋아하는 사람들에게 둘러싸인 그 바베큐 파티에서 유일한 채식주의자인 나는 물 밖에 나온 물고기처럼 (외롭게, 낯설게) 느꼈어요. 먹을 거를 뭐라도 찾기 위해 애써야 했죠.

The cheese stands alone.
그 사람 홀로입니다. (외로운 처지입니다. 가까운 친구나 응원자가 없습니다.)

참고 동일한 표현을 제목으로 한 미국 어린이 노래/놀이에서 유래

Despite being part of a large team, Nikki always manages to **fly under the radar** at work, quietly getting her tasks done without attracting much attention.
Nikki는 큰 팀의 일원이면서도 직장에서 사람들과 별로 어울리지 않고 큰 주목을 끌지 않고 자기 과제를 조용히 해냅니다.

No one tried to invite John as he is a known **party pooper**.
아무도 툭하면 파티 분위기를 깨는 John을 초대하려 하지 않았다.

In the American South, most women **kept a low profile** until the late twentieth century.
미국 남부에서 대부분의 여성들은 20세기 후반까지 나서지 않고 (조신하게) 지냈다.

참고 keep a low profile: 조용히 처신하다 / 나서지 않다 / 사람들의 주목을 피하다

In times of personal crises or scandals, most politicians do things **lowpro**, trying to avoid being noticed.
개인적인 위기 또는 추문이 있을 때 대부분의 정치인들은 눈에 띄기를 피하면서 나서지 않고 일을 한다.

참고 lowpro: with a low profile / keeping a low profile: 눈에 띄지 않게, 주목을 끌지 않게, 조용히

1-44 | 차분한, 침착한, 신중한, 서두르지 않는, 조심성 있는

형 quiet / calm / reserved / withdrawn / composed / unhurried / hasteless / prudent / self-possessed / collected / low-keyed / temperate / equable / placid / restrained / imperturbable / staid / poised / introspective / introverted

구 cool one's jets / keep a low profile / stand [stay] aloof (from) ... / staying back / taking one's time / going easy

예문

Hey, **be [stay, keep] calm [cool]**!
이봐, 침착해.

The driver was able to avoid a major accident with his **composure**.
그 운전자는 침착하게 큰 사고를 피할 수 있었다.

The student had to **calm down** not to argue with the professor.
그 학생은 교수와 언쟁을 하지 않으려고 진정해야 했다.

How would you describe yourself, outgoing or rather **reserved [withdrawn]**?
자신을 어떻게 설명하시겠어요, 외향적인가요 아니면 오히려 내성적?

He never **stops to think**.
그는 차분하게 생각하는 법이 없어.

Jennifer is **calm, collected**, and **meticulous**.
Jennifer는 덤벙거리지 않고 빈틈도 안보여.

참고 meticulous: 꼼꼼한

Susan bears [conducts] herself with **coolness [poise, composure, self-possession]**.
Susan은 늘 차분한 모습을 보인다 / 침착하게 처신한다.

Kate seems to be **low-keyed** at first sight [blush, glance, appearance].
Kate은 언뜻 [처음] 보기에는 차분한 [조용한] 듯해.

참고 at first sight [blush, glance, appearance]: 처음 [언뜻] 보기에(는)

John seldom **loses his mind [cool]**.
John은 정신줄을 놓는/흥분하는 적이 거의 없어요.

John always **keeps his mind** [cool] under all circumstances.
John은 모든 상황에서 침착해요.

The customer was very angry at first, but he soon **cooled his jets** before he began to address his complaint.
그 고객은 처음에는 매우 화가 났지만 그의 불만을 이야기 하기 전에 진정했다/침착함을 찾았다.

They say the customer's always right, but you'd better **keep your shirt on** before you file your complaint.
고객은 항상 옳다고 사람들은 말하지만 불평 사항을 전하기 전에는 진정하는 게 좋아.

> **참고** cool one's jets / keep one's shirt on / calm down: (화를 내거나 들떠 있다가) 진정하다 / 침착함을 찾다

She is such a woman who doesn't do things **on the run**.
그녀는 매사에 차분한 여성이야.

> **참고** on the run: (1) 여기 저기 분주하게 다니는 (중에); (2) 도주 중인 [중에]

Bernie is **(as) cool as a cucumber [oyster]** most of the time.
Bernie는 대체로 아주 침착해.

> **참고** (as) cool as a cucumber [oyster]: very calm [self-possessed]

You'd better **not jump the gun**.
너무 조급해 [성급해] 하지 않는 게 좋아.

> **참고** jump the gun: 레이스에서 주자 [선수]가 출발 신호보다 먼저 예측 출발하는 반칙에서 유래한 표현으로, '너무 서두르다, 조급해 한다'는 뜻

Jose **didn't bat [budge, blink] an eye [eyelid]** at such danger.
Jose는 위험한 상황에서도 아주 침착했다. [눈 하나 깜빡이지 않았다.]

Even though she was scared, she **kept a stiff upper lip** and didn't let her emotions show.
두렵기는 했지만, 침착함을 유지하며 감정을 절제했다.

Sumin is always **even-keeled** without emotional highs or lows.
수민은 감정의 기복없이 항상 침착하고 신중한 여인이다.

> **참고** even-keeled: on an even keel: 안정된

1-45 조심성 없는, 경솔한, 부주의한, 덤벙대는, 침착하지 못한

형 careless / mindless / imprudent / inattentive / rash / thoughtless / reckless / hasty / neglectful / inadvertent / frivolous

명 loose cannon / wild card / daredevil / loose screw / live wire / wrecking ball

구 walking disaster / bull in a china shop / go off the deep end / jump the gun / court disaster (동사구) / throw caution to the wind

예문

Brenda's **careless** about her hygiene.
Brenda는 위생에 신경쓰지 않아.

It astonishes me he could be so **thoughtless**.
그가 그렇게 생각이 없다니 정말 놀랍다.

Ian made a **rash** decision and now he is suffering for it.
Ian은 성급한 결정을 내렸고 이제 그것 때문에 고통받고 있다.

You were **imprudent** to say so.
네가 그런 말을 하다니 경솔했구나.

I think we should wait for more information before making a decision; let's not **jump the gun** and regret it later.
최종 결정을 내리기 전에 더 많은 정보를 기다려 봐야 하겠습니다. 경솔하게 서둘러서 나중에 후회하지 않아야죠.

Whenever my little cousin comes over, he's like a **bull in a china shop**, knocking things over and creating chaos.
제 꼬마 사촌이 오면 언제나 도자기 가게 안의 황소 같아요 (조심성이 없죠). 이것 저것 넘어뜨리고 쑥대밭을 만들어 놓죠.

형 unstoppable / uncontrollable / unmanageable / unruly / untethered

명 loose cannon / wild card / runaway train / loose screw / live wire / walking disaster

구 out of control / go out of whack / go off the deep end / be [go, run] out of hand / rebel without a cause / running amock / off the rails

예문

Mark is withdrawn and **uncontrollable**.
Mark는 내성적이고 걷잡을 수 없는 애야.

He is **a bull in a china shop**.
그는 너무 막무가내로 날뛰는 녀석이야.

He's a **handful**.
그는 참 골치아픈 인간이라구.

Carson is a **bad apple [egg]**.
Carson은 정말 말썽꾸러기야.

At the high school prom, most students behaved themselves, but a few **went off the deep end**.
그 고등학교 프람 (파티, 댄스)에서 대부분의 학생들은 잘 행동했는데 몇몇 학생들은 무모하게 행동했다.

The children were **running amok** in the playground, screaming and chasing each other without any regard for the rules.
아이들은 그 놀이터에서 규칙이라곤 전혀 지키지 않고 소리들을 지르고 서로 잡기 놀이를 하면서 천방지축 뛰어다니고 있었다.

1-47 산만한, 집중하지 못하는, 부주의한

형 careless / distracted / unfocused / absent-minded / hit-or-miss / inattentive / haphazard / scatterbrained / unorganized / disorganized / ditzy / spacey

명 scatterbrain / ADHD (attention deficit hyperactivity disorder) / space cadet / airhead / absent-minded professor

구 all over the map [place]

예문

Anna was **distracted** by the noise of the people arguing [bickering, quarreling] on the street.
Anna는 길에서 말다툼하는 사람들 소음으로 인해 집중하지 못했다.

How can you be so **inattentive** to a sick person?
아픈 사람에게 어떻게 그렇게 무심할 수가 있습니까?

The boy was **all over the map**, unable to focus on his homework.
소년은 숙제에 집중하지 못하고 매우 산만했다.

George must be a **scatterbrain**, because he can't read a book for more than 20 minutes.
20분 이상 책을 읽을 수 없는 George는 틀림없이 무척 산만한 친구일거야.

Nancy's so **scatterbrained** she can't concentrate on the test.
= Nancy's such a **scatterbrain** she can't concentrate on the test.
Nancy는 머리가 너무 산만해서 시험에 집중할 수가 없다.

Jessica is such a **space cadet** lately; she forgot her keys three times this week and walked into the wrong classroom twice.
Jessica는 요즘들어 아주 주의가 산만해요. 이번 주에만 열쇠를 세 번이나 까먹고 강의실을 두 번이나 잘못 걸어 들어갔죠.

형 consistent / steady / steadfast / constant / predictable / reliable / stable / firm / solid / coherent / unchanging / unvarying / unshakable / uncompromising / unwavering / unyielding / unbending

구 even and steady / Steady Eddie / true blue / ride or die / on point / not fail to deliver

예문

Carson's views and actions are always **consistent**.
Carson의 견해와 행동은 언제나 일관성이 있다.

Nicholas remained **steadfast** in his beliefs despite everyone's criticism. He's just **solid**.
Nicholas는 모든 사람들의 비난에도 불구하고 꿋꿋이 신념을 지켰다. 그는 한결같다.

Jenny is **steady as a rock** in living her everyday life.
Jenny는 일상 생활에서 흐트러짐없이 한결같아.

I've known Tony for almost 10 years, and he's been **true blue - a true Steady Eddie** - all along.
제가요 Tony를 거의 10년 동안 알아 왔는데요, 항상 진국, 진짜 꾸준히 믿을 수 있는 사람이었어요.

My wife has been my rock through all the difficult years. She's **always there** for me.
제 아내는 그 어려운 시절 동안 제게 바위같은 사람이었죠. 항상 제 곁에서 응원해 주죠.

In my department, Aidan's always **on point**. He never fails to deliver.
제 부서에서는 Aidan이 항상 제대로 일합니다. 제대로 못하는 적이 절대 없죠.

My best friend Ted has been my **ride or die**. He's always **been there** for me, **through thick and thin**.
제 친구 Ted는 제가 완전히 믿을 수 있는 친구였죠. 기쁠 때나 슬플 때나, 좋을 때나 힘들 때나 언제나 저를 응원해 주었습니다.

형 unpredictable / fickle / changeable / flak(e)y / wishy-washy / capricious / whimsical / flip-flopping / temperamental / unforeseeable / mercurial / flighty

명 flip-flop / flake / about-face / unknown number [quantity]

동 flip-flop / about-face / someone's mood [opinion] swings

구 all over the place [map] / be [blow] hot and cold / do [make] an about-face

예문

He's so **flighty** that we can't trust him all the time.
그는 매우 가벼운 사람이라서 우리가 항상 신뢰할 수는 없다.

Don't trust him. He is such a **flake [so flak(e)y]**.
그 인간 믿지 마세요. 그 친구 종잡을 수 없는 놈이야.

The labor union accused him of being **capricious** and undemocratic.
노조는 그가 변덕스럽고 비민주적이라고 비난했다.

I can't trust Brook's words because he's notoriously **fickle**.
Brook은 변덕이 죽 끓듯 해서 그의 말은 믿을 수가 없다.

Steve seems an **unknown quantity**.
스티브는 내면 파악이 어려운 친구인 듯해.

참고 an unknown quantity [number]: an unpredictable person or thing

It is hard to go along with Pamela at work as she is **blowing hot and cold** on all matters.
Pamela는 매사에 변덕이 죽 끓듯 해서 직장에서 함께 일하는 게 쉽지 않아.

I don't trust Scott because he **does [makes] an about-face** frequently.
난 Scott은 안 믿어. 워낙 자주 입장이 왔다갔다하는 친구거든.

Henry is well known to be a **wild card**.
Heny가 어디로 튈지 모르는 친구임을 다들 알고 있다.

Jim is just like a **ship without a rudder**.
Jim은 마치 방향타없는 배처럼 우왕좌왕했다.

Jack is a **loose cannon**.
Jack은 정말 못말리는 [예측이 안되는] 친구야.

참고 loose cannon: 예측불가능하고 경솔하며 종종 남들을 위험에 처하게 하거나 부정적인 결과를 초래하는 사람

1-50 즉흥적인, 충동적인, 돌발적인

형 impulsive / impetuous / impromptu / ad-lib / extempore / hot-headed

명 ad-lib / hothead / loose cannon / wild card

동 improvise / ad-lib

구 make a rash decision / on impulse / off the cuff / offhand / on the spur of the moment / shoot from the hip / fly by the seat of one's pants / wing it / play it by ear / take a leap of faith / roll the dice / follow one's gut / follow one's instincts / in the heat of the moment

예문

Everett is too **impulsive** to be a leader of our team.
Everett은 너무 충동적인 사람이어서 우리 팀으로 지도자로 적합하지 않아.

Joseph often buys things **on impulse**.
Joseph은 종종 물건을 충동적으로 구매한다.

I'm just speaking **off the cuff** here.
전 지금 즉흥적으로 말씀드리는 겁니다.

Peter tends to do things **on the spur of the moment**.
Peter는 그때그때 닥쳐서 즉흥적으로 일을 하는 경향이 있어.

Jake often **jumps the gun**.
Jake는 종종 충동적으로 행동한다.

Nick's a real **live wire**.
Nick은 정말 충동동적이야.

Not having prepared a script or a presentation file, Alicia had to **wing** it during the presentation. Actually she usually **plays it by ear**, relying on her quick thinking and knowledge of the topic.
대본이나 프레젠테이션 파일을 준비하지 못해서 Alicia는 프레젠테이션 동안 즉흥적으로 해야 했다. 그녀는 실은 빠른 사고력과 주제에 관한 지식에 의존해서 주로 그때 그때 즉흥적으로 한다.

Since my brother often **flies by the seat** of his pants, he tends to make decisions **on a whim** without much thought.
내 동생은 매우 즉흥적인 성격이라서, 많이 생각하지 않고 순간적으로 결정을 내리는 경향이 있다.

Taking a leap of faith by starting his career as a freelancer, Henry decided to quit his stable job.
프리랜서가 되겠다는 충동적인 믿음 (맹신)으로 Henry는 안정된 자신의 직업을 그만두기로 했다.

1-51 완벽한, 철저한, 빈틈없는, 무결점의, 아주 꼼꼼한

형 thorough / perfect / flawless / impeccable / picture-perfect / infallible / defect-free / detail-oriented / dyed-in-the-wool / thoroughgoing / exhaustive / meticulous / methodical / punctilious / consummate

구 perfect and faultless / to the core / through and through / every inch / from stem to stern / (up) to the hilt

The investigator is very **thorough**.
그 수사관은 아주 철두철미하다.

Don't get me wrong. I'm far from **perfect**.
날 오해하지마. 나는 완벽과는 거리가 먼 사람이야.

Andrew **made an all-out effort** to pass the exam.
Andrew는 그 시험에 합격하기 위해 모든 노력을 다했다.

Anthony usually **goes all out for** his assignments.
Anthony는 자기가 할 과제가 있으면 대개 총력을 기울인다.

Tony **goes to all lengths** to carry out his jobs.
Tony는 일을 처리하는 데 노력을 아끼지 않는다 [철저하다].

Meryl Streep is **every inch [bit]** a superior actress.
= Meryl Streep is a superior actress **every inch [bit]**.
= Meryl Streep is a **dyed-in-the-wool** actress.
= Meryl Streep is a **true-blue** actress.
Meryl Streep은 어느 모로 보나 탁월한 여배우이다.

Kathy cleans her room **from stem to stern** every day.
Kathy는 방을 날마다 아주 꼼꼼히 청소한다.

I confirmed that the furniture is in **mint condition [state]**.
가구가 완벽한 상태임을 확인했다.

> **참고** 조폐국(mint)에서 돈을 갓 찍어냈을 때의 상태에 비유한 표현

My wife followed the recipe of the cookbook **to the letter**.
아내는 요리책의 비법을 곧이 곧대로 정확히 따랐다.

Richard's meticulous nature permeated every aspect of his life, from his impeccably organized workspace to his precisely scheduled daily routines, showcasing his attention to detail **through and through**.
Richard의 꼼꼼한 천성은 그의 완벽하게 정리된 작업 공간에서부터 정확하게 일정이 잡힌 매일의 일상까지 그의 세부 사항들에 대한 배려를 철저하게 보여 주면서 그의 생활의 모든 면에 스며들어 있다.

형 definite / sure / clear / decisive / clear-cut / surefire / firm / solid / resolute / unwavering / rock steady / ironclad / unshakable

구 (as) steady as a rock / set in stone / (as) clear as crystal / (dead [all]) set / no nonsense / stand(ing) firm / stand(ing) one's ground / as sure as the day is long / no ifs, ands, or buts / stick to one's guns / stand pat (with/on …)

예문

Jose's colleagues always like his **clear-cut** attitude or opinions.
Jose의 동료들은 그의 분명한 태도나 의견을 항상 좋아합니다.

I believe that Thomas is a very **decisive** leader.
나는 Thomas가 매우 결단력있는 리더라고 믿어.

Mr. Newman was an **assertive** chairman when he was alive.
Newman 회장님은 살아 생전에 자기 주장이 강한 분이셨다.

Parker's **resolute [firm]** leadership won solid support from many others.
Parker의 단호한 지도력은 여러 사람들로부터 확고한 지지를 얻었다.

Despite many tempting offers from other people or companies, Sarah **stands pat** with the work and people she likes.
다른 사람들과 회사들로부터의 많은 유혹적인 제안들에도 불구하고 Sarah는 자기가 좋아하는 일과 사람들을 함께 하는 것을 분명히 한다.

Despite facing numerous criticisms, the Senator has remained **unshakable** in his political belief in the need to reform the electoral system.
수많은 비판에 직면했지만 그 상원의원은 선거제도의 개혁이 필요하다는 그의 신념에 흔들린 적이 없습니다.

Her **commitment** to public service and **unwavering** perseverance inspired millions around the globe.
그녀의 공공 서비스에 대한 헌신과 흔들림 없는 인내는 전 세계에서 수백만 명의 사람들에게 영감을 주었습니다.

형 precise / accurate / detailed / meticulous
구 on the beam / on point / on the money / hit the nail on the head

예문

Brook is on **the beam**.
Brook은 매우 정확하다.

You're right **on the money**.
당신 말이라면 틀림 없어.

Since the doctor **hits the nail on the head** to diagnose the disease, the patient could save his life.
의사의 진단이 아주 정확했기에 그 환자는 생명을 구할 수 있었다.

His prediction of price move on the stock was **on point**, he could invest and gain huge profits.
주식 가격 변동에 대한 그의 예측은 정확했기에 그는 투자하여 막대한 이익을 얻을 수 있었다.

The singer was known for his **meticulous** preparation for the stage on which he performed for his audience.
그 가수는 청중들을 위해 공연할 무대의 준비에 치밀한 것으로 유명했다.

The architect's **precise** and **detailed** drawing allowed the workers to complete the construction project ahead of schedule.
그 건축가의 정확하고 상세한 설계 덕분에 그 시공자들은 일정보다 빨리 그 건축 프로젝트를 완료할 수 있었다.

형 stick to one's deadline / call (the) time sharp

구 on time / on the dot / (as) regular as clockwork

예문

Adam is always very **punctual** for class.
Adam은 늘 제시간에 수업에 온다.

Wesley comes back home every day **(as) regular as clockwork**.
Wesley는 시계처럼 정확하게 귀가합니다.

I'm glad you are here **on time**.
네가 정시에 여기에 와주어 아주 기뻐.

The airplane arrived at the airport **on the dot**.
비행기는 공항에 아주 정시에 도착했다.

참고 on the dot = on the button

Please be prompt. Norman is very obsessive about **punctuality**.
시간엄수 해줘. Norman은 시간엄수에 관해 지나치게 집착하거든.

참고 상습적으로 지각하는 사람들을 일컬어 'timebender'라고 부른다.

For the class report, the professor mentioned **time management**, emphasizing deadlines.
그 교수는 수업 레포트의 마감기한을 강조하면서 시간관리에 대해 언급했다.

형 lax / slack / lazy / careless / carefree / negligent / neglectful / sloppy / remiss / slapdash / half-baked / half-hearted

구 cut corners / botch job

예문

Either you are grossly incompetent, or grossly **negligent**.
당신은 능력이 없거나, 아주 태만한 사람입니다.

They need to rein in their **lax** managers.
그들은 해이한 관리자들에 대해 고삐를 조일 필요가 있다.

You shouldn't **cut corners** if you want good quality.
좋은 품질을 원한다면 대충해서는 안 되지.

Derek is now and then **neglectful [negligent]** of his duties.
Derek은 가끔 임무를 소홀히 한다

Some government officials are **remiss** in handling complaints from the public.
일부 관리들은 대중의 민원들을 처리하는데 태만하다.

Tammy is a **slacker** at work, always trying to pass off her tasks to others.
Tammy는 일을 게을리 하는 사람으로, 항상 자신의 일을 남들에게 떠넘기려 한다

Jack is a **clock-watcher** counting down the minutes well before he leaves work.
Jack은 퇴근 시간 훨씬 전부터 분초를 세는 근무태만이이다.

The professor caught at a glance that the report was **half-baked**.
교수님은 그 레포트가 대충 작성된 것임을 단번에 파악했다.

Please don't submit your homework **half-hearted** anymore.
제발 더이상 숙제를 대충해서 제출하지 마세요.

His work is always **slapdash** and full of mistakes.
그의 일은 항상 너무 대충해서 헛점 투성이다.

형 generous / understanding / tolerant / considerate / magnanimous / lenient

구 heart of gold / go the extra mile / give one the shirt of one's back

예문

Cory was always **generous** in sharing his enormous knowledge.
Cory는 자신의 엄청난 지식을 타인들에게 잘 베풀며 공유했다.

Devon has a very **tolerant** attitude towards other religions.
Devon은 다른 종교에 대해 아주 관대한 태도를 갖고 있다.

Debra is always polite and **considerate** towards her employees.
Debra는 직원들을 항상 정중하고 사려 깊게 대한다.

They believed that the judges were too **lenient** with the murder suspect.
그들은 판사들이 살인 용의자에게 너무 관대했다고 여겼다.

I used to have a **heart of gold**.
예전엔 나도 매우 친절하고 너그러운 사람이었어.

The employee always **goes the extra mile**.
그 직원은 남을 돕는데 노력을 아끼지 않는다.

Ryan would **give you the shirt off his back**.
Ryan은 옷이라도 벗어줄 정도로 친구를 도와준다.

형 altruistic / selfless / unselfish / sacrificial / self-giving / devoted / dedicated / committed / benevolent / philanthropic / big-hearted

명 altruist / philanthropist / bleeding heart / good egg / selfless soul / angel / saint / sacrificial lamb / do-gooder / Mother Theresa

구 put others' interests/happiness before/above his/hers [his/her own] (자기의 이익/행복보다 다른 사람들의 이익/행복을 우선으로 하다) / put others first / have a heart of gold / give the shirt off one's back / salt of the earth / make sacrifices / be always there for others [you]

예문

The **devoted** life of the actress made a great impression on many people.
그 배우의 헌신적인 삶은 많은 이들에게 큰 감동을 선사했다.

Susan is a **dedicated** teller who examines everything thoroughly for her job.
Susan은 자신의 업무를 위해 모든 것을 철저하게 검토하는 전담 창구 직원이다.

The film depicts the completely **altruistic** life of a priest.
그 영화는 어느 신부님의 온전한 이타적인 삶을 그리고 있다.

All her life was to **give and serve** throughout her life.
평생토록 베풀고 봉사하는 일이 그녀의 삶이었어.

Stella may be criticized as a **bleeding heart** or a **Mother Theresa**, but her tireless work for the homeless community has made a real difference.
Stella는 이타적이기만 한 사람이나 마더 테레사 (수녀)로 불릴 지는 모르지만, 그녀가 노숙자들 공동체를 위해 지칠줄 모르게 한 일은 정말 변화를 일으켰습니다.

James is the kind of person who would **give the shirt off his back**; he's always **putting others first**, even when it means sacrificing his own comfort.
James는 자기 셔츠라도 벗어 줄 그런 사람이죠. 그는 자기 자신의 안락함을 희생해야 하는 경우에도 언제나 다른 사람들을 먼저 배려해요.

1-58 이기적인, 자신밖에 모르는, 욕심많은, 이해타산적인

형 selfish / self-centered / egoistic / greedy / me-first / avaricious / narcissistic / calculating

명 grabber / scrooge / sponge / hog / gimme

구 full of oneself / feather one's own nest

예문

I think I've been very **selfish**. I've been mainly concerned with myself.
나는 항상 이기적이었지. 주로 나 자신에게만 관심을 가졌지.

Eric's so **full of himself**!
Eric은 너무 본인 생각만 하더라.

Susan is too **self-centered** to think about others around her.
Susan은 너무 자기중심적이어서 주변 사람들을 생각하지 못한다.

Bill's **egoistic** attitude often makes others stay away from him.
Bill의 이기적 태도가 다른 사람들로 하여금 그를 꺼리게 만들어.

Stacey's **narcissistic** propensity makes it hard to put herself in others' shoes.
Stacey의 자기애적 성향은 다른 사람의 입장에 자신을 바라보는 일을 어렵게 만든다.

Her **me-first** nature leads to being in trouble with my sisters from time to time.
그녀의 자신을 우선시하는 성격으로 인해 가끔 언니들과 트러블이 생기기도 한다.

Gary **has nothing in his pocket except money**.
Gary는 제 주머니에 돈 밖에 채울줄 모르는 인간이야.

The guy has concentrated only on **feathering his own nest**.
자기 배 채우는 일에만 급급한 친구야.

형 patient / enduring / persevering / stoical / long-suffering / perseverant / rugged / plucky / gritty

동 perseverance / self-denial / self-discipline / self-control / persevere

구 hang in there/ bite the bullet / face the music / face up to it / bear the brunt / have the patience of a saint / take the plunge / suck it up / get it over with / man up / ride it out / buckle down / knuckle down / shoulder the burden / take it on the chin / deal [bear] with it (head-on)

예문

Gavin was endlessly kind and **patient** with children.
Gavin은 어린들이에게 한없이 친절했고 인내심을 보였다.

Jason's **persevering** efforts were finally rewarded.
Jason의 끈질긴 노력은 마침내 보답받았다.

Patricia is a young child, but she is **patient as a saint**.
Patricia는 어린 아이지만 성인만큼이나 참을성이 있다.

Although the actress faced numerous malicious rumors, she has always remained **stoical** to overcome such huge stresses.
그 여배우는 수많은 악성 루머에 직면했지만, 그런 엄청난 스트레스를 극복하기 위해 항상 인내심을 유지해 왔습니다.

Due to her exceptional **grit**, Jane has often played such a role of a kind wife in various movies.
그녀의 끈기있게 참아내는 근성때문에 Jane은 다양한 영화에서 종종 그런 종류의 아내 역할을 해왔습니다.

Despite continuous intimidation, Tony made up his mind to **bite the bullet** to break through the fears head-on.
계속되는 협박에도 불구하고, Tony는 공포를 정면돌파하기 위해 악착같이 견뎌내기로 결심했다.

The teacher has many unruly students in her class, but she has the **patience of a saint** to handle them without any trouble.
선생님은 학급에 다루기 힘든 학생들이 많지만, 그들을 별 문제없이 다룰 수 있는 놀라운 인내심이 있습니다.

Maria had to **face the music** when a mistake of hers cost the company a huge deal. But her colleagues encouraged her to hang in there no matter what.

Maria는 그녀의 실수 하나로 회사가 큰 계약을 잃었을 때 그 여파를 감당해야 했다. 그러나 그녀의 동료들은 그녀가 어떤 일이 있어도 (포기하지 않고) 인내하고 견디도록 격려했다.

The Cowboys' **gritty** spirit shone through as they knuckled down in the final minutes of the game to secure a hard-earned victory.

(Dallas) Cowboys의 강인한 정신은 그 게임의 마지막 몇분을 참고 견디며 어렵게 승리를 거두었을 때 빛났다.

1-60 인내심 없는, 끈기 없는, 쉽게 포기하는

형 impatient / intolerant / short-tempered
명 give-upper / (easy) quitter
구 throw in the towel / have a short fuse / give up at the drop of a hat

예문

You are probably an **impatient** person.
너는 끈기가 없는 사람인 것 같아.

Johnson, as he has changed his jobs many times, might be such an **easy quitter**.
직업을 수없이 바꾼 것을 보아 Johnson은 무엇이든 쉽사리 포기하는 친구일거야.

Evans was famous for being **a give-upper** in his previous company.
Evans는 전 직장에서 참을성없는 사원으로 유명했어.

We often see those who **throw in the towel easily** when the times get tough.
우리는 여건이 어려워질 때 쉽게 포기하는 사람들을 종종 봅니다.

My boss **has a short fuse** and easily loses his temper when things don't go his way.
나의 보스는 인내심이 없어서 일들이 자기 방식대로 되지 않을 때면 곧장 화를 낸다.

Bill **gave up at the drop of a hat** every time he was faced with a challenge.
Bill은 도전에 직면할 때마다 너무 쉽사리 포기를 했어.

1-61 느긋한, 여유로운, 서두르지 않는, 태평한

형 lazy / relaxed / leisurely / easygoing / happy-go-lucky / laid-back [laid back]

명 dawdler / dallier / laggard / slowpoke

동 chill (out) / sit back (and relax) / bimble (영국 속어: 느긋하게 걷다/산책하다)

예문

Jefferson was **laid-back** about his exams.
Jefferson은 시험에 대해 마음 놓고 있었다.

He is always so **easygoing** about everything.
그 사람은 성격이 마냥 좋기만 하다.

Anne is a typical **slowpoke** who moves at a slow pace.
Anne는 아주 태평한 사람이야.

참고 slowpoke: (비격식체) 명. 발전이나 성과가 느린 사람. 느림보

They sometimes meet up to **chill out** and watch a movie.
그들은 가끔 만나 긴장을 풀고 영화를 본다.

My boss is really **laid back** and he enjoys it.
우리 사장님은 정말로 여유롭고 느긋한데 그것을 즐기고 있지.

1-62 성마른, 짜증내는, 신경질적인, 화를 잘 내는, 다혈질의

형 angry / angered / steamed / impatient / mad / fuming / furious / infuriated /enraged / outraged / hasty / rash / hot [short, quick, foul]-tempered / hot(-)headed / livid / impetuous / fiery / hair-trigger / feisty / touchy / peppery / growly / querulous / fretful / high-strung / nervous / hasty / pressing / short-fused / irascible / choleric

명 hothead / firecracker / spitfire

동 anger / chafe / rage / enrage / fume / steam / seethe (겉으로 드러나지 않고 속으로 부글부글 끓을 때)

구 lose one's temper / be pissed off (점잖은 상황에서는 피함) / blow one's top [lid, fuse, cork, stack] / get one's back up / fume at the mouth / do one's lolly (호주 속어) / have a fit / hot under the collar / fly into a rage / fit to be tied (묶이거나 하는 등 신체적 제어가 필요할 정도로 격노한) / blow a fuse [gasket] / in a fume / see red / go off (on someone) / steam coming out of one's ears / go ballistic / hit [go through] the roof [ceiling] / have a fit [meltdown] / go [fly] off the handle [deep end] / rant and rave [go on a rant and rave] (about ...) / flip one's lid / have a meltdown

Justin's very **quick-tempered**.
Justin은 화를 많이 내.

I was told that Kevin was such a **hothead**.
Kevin은 성질이 상당히 급하다고 들었어.

Susan shows a **choleric** temperament at the drop of a hat/pin.
Susan은 걸핏하면 화를 내는 사람이다.

Mark is a **foul-tempered** man.
Mark는 성질머리가 아주 고약한 친구야.

Jean's a real spitfire. She's got such a **hair-trigger** temper.
Jean은 정말 불 같아. 조금만 어째도 난리치는 성미야.

They **took exception to** it.
그들이 그것 때문에 화를 냈어요.

> 참고 take exception to something: ...에 격렬히/완강히 반대/거부하다 (object to/deny something very strongly): exception = strong disapproval or objection

When Jim showed his report card to his dad, he **hit the ceiling**.
짐이 아빠에게 성적표를 보여주었을 때 아빠가 몹시 화를 냈다.

Don't **lose your temper** so often like that. It won't be good for your health.
자주 화내지마. 건강에 안좋아.

My boss was so angry at us he almost **went through [hit] the roof**.
사장은 천정이 뚫어질 기세로 몹시 화를 내더군.

Nelson **went off** on me again.
Nelson이 나에게 엄청 또 화를 내더군!

My brother was **(as) mad as a hornet** when he knew that he was deceived.
속았음을 깨닫고 형은 엄청 화를 냈다.

Robin **flew [went] off the handle** when his daughter slept over at her friend's house without permission.
Robin은 딸이 허락받지 않고 친구집에서 외박했을 때 노발대발했다.

My mom will be **freaking out**.
엄마가 몹시 화내실 거야.

> 참고 freak out은 심하게 화를 내는 경우도 있지만 크게 놀라거나 제정신이 아닌 상태가 되거나 놀라서 까무러칠 정도가 되는 경우에도 자주 사용된다.

I really don't know why she keeps **blowing up** at me lately.
최근에 그녀가 왜 내게 끊임없이 화를 내는지 도대체 그 이유를 모르겠어.

You have every right to **get mad** at me.
나에게 얼마든지 화를 내서도 좋아.

> 참고 mad at somebody: ... 에게 화가난 mad about somebody: ...에게 사랑에 빠진 [뿅 간]

My husband will **rant and rave** about this.
내 남편이 이걸 알면 정말 노발대발 할겁니다.

They were **up in arms** over the company's plan to cut salaries.
그들은 회사의 봉급삭감 계획에 분개했다.

What's you all **worked up for**?

왜 그토록 화 나셨나요?

참고 be [get] (all) worked [shook] up for [about, over] ...: ...에 대해/...를 놓고 엄청 화를 내다, 벌컥하다, 흥분되다, 동요되다, 긴장되다, 조바심 나다 등 다양한 강렬하고 스트레스를 주는 상황에 사용된다. 흔히 강조를 위해 앞에 부사 all이 함께 사용된다.

When he realized he got swindled, Scott **blew his top [lid, stack, fuse, gasket]**.

자기가 사기 당했다는 것을 깨달았을 때 Scott은 격분했다.

Don't **blow a fuse** due to such a trivial thing.

별것 아닌 일로 화내지마.

Abraham **jumps down his wife's throat** once in a while.

Abraham은 아주 가끔 아내에게 버럭 화를 낸다.

Once the teacher hears the story, he's gonna **hit the ceiling [roof]**.

선생님이 그 얘기를 듣는다면, 날벼락이 날거다.

My dad **hit the roof** when his car didn't start again.

다시 차 시동이 안 걸리자 아빠는 엄청 화를 냈어.

What happened to your wife? She seemed to be **fit to be tied**.

자네 부인에게 무슨 일이 있었나? 매우 화난 것 같던데.

The coach **raised Cain [hell]** as his soccer team lost.

팀이 지자 감독은 난리를 치며 화를 냈다.

참고 raise Cain (이따금 Kane): 엄청 화를 내는 경우에 자주 사용되는데 또한 난리법석을 치거나 쑥대밭을 만드는 상황에서도 종종 사용된다.

I'd better go now. My wife is **hot under the collar**.

그만 가봐야겠어. 마누라가 단단히 화가 나 있어.

Albert **saw red** when he got a flat tire.

타이어가 펑크 나자 Albert는 몹시 화를 냈다.

My brother **blew up** when he realized I broke his glasses again.

내가 자신의 안경을 또 파손시킨 것을 알고 형의 분노가 폭발했다.

참고 blow up의 기타 다른 뜻으로 '물체가 폭발하다' '난조에 빠지다' '중지되다' '엉망이 되다' '부풀리다, 과장하다' '기상이 악화되다' '확대복사하다' 등이 있음

All **were bent out of shape** by the act of terrorism.

모두가 그 테러 행위때문에 몹시 분노했다.

참고 be bent out of shape: 크게 충격받은, 경악한, 분노한

Why did you **come down** very hard on me there?
거기서 왜 그렇게 날 나무랐어요?

As Janet **has such a short fuse**, you'd better not bother her.
Janet은 아주 쉽사리 성을 내기때문에 성가시지 않도록 해.

1-63 화나게하는, 약올리는, 열받게 하는, 성질을 건드리는

형 offensive / provocative / annoying / peevish / irritable

동 vex / anger / provoke / offend / peeve / annoy / infuriate / enrage / irritate / rile / trigger / frazzle

명 pet peeve

구 get under someone's skin / rub someone the wrong way / work [steam] (someone) up (열받게/벌컥하게 하다, 동요시키다) (둘 다 긍정적으로 상대방을 흥분 [자극, 기대] 하게 하는 경우에도 사용) / quick to get bent out of shape / get all bent out of shape / get on one's nerves / mess with / ruffle one's feathers / start with someone / piss someone off / drives someone nuts [up the wall, bananas] / add fuel to the fire [add salt to the wound] / tick someone off / drive someone crazy / at the end of one's rope / pushes [presses] one's buttons / get one's goat / rough someone up / get someone started / makes one's blood boil / step [=tread] on one's toes / drove someone to the edge

예문

Probably I **rubbed you [your fur] the wrong way**, but I didn't mean to.
아마 내가 당신의 심기를 불편케 한 것 같은데, 난 그럴 의도가 없었어요.

참고 rub someone [someone's fur] the wrong way: irritate, annoy, or offend someone: ...를 짜증나게 [불쾌하게] 하다

You are very **annoying**.
넌 사람을 진짜 짜증나게 해.

Jake's tendency to bring up controversial topics without considering the consequences always seems to **frazzle** his colleagues and bosses.
Jake가 논란이 있는 주제들을 결과를 고려하지 않고 거론하는 경향은 동료들과 보스들을 항상 지치게 [열받게] 하는 것 같아요.

That's my **pet peeve**.
나를 짜증나게 해요.

참고 pet peeve: (미국 구어체) 항상 또는 자주 짜증나게 하는 일 [사건, 사물, 사람]

Ann **gets on my nerves**.
Ann은 내 신경을 건드려.

You'd better not **mess with** him.
그 녀석 심기를 건들지 않는게 좋을걸세.

You don't have to **ruffle her feathers** by criticizing her old habits.
그녀의 해묵은 습관들을 탓하며 화를 북돋울 필요가 없잖아.

My wife's **starting with me** in the early morning.
이른 아침부터 아내가 슬슬 심기를 긁어놓는군.

Alfred really **pisses me off**.
Alfred는 정말 사람 짜증나게 해.

참고 piss someone off: ...를 대단히 짜증나게 [열받게] 하다. 친구들이나 가까운 사이에는 자주 사용되지만 점잖은 자리에서는 사용하지 않는 것이 바람직한 표현

The false rumor **drives him nuts [up the wall, bananas]**.
엉뚱한 소문으로 그는 미칠지경이다.

Don't **add fuel to the fire [add salt to the wound]**.
불난 집에 부채질하지마.

Diane's very angry now. Be careful not to **tick her off**.
Diane은 지금 굉장히 화가 났거든. 공연히 화를 건드리지 않도록 조심해.

You **drive me crazy**.
넌 나를 미치게 하는구나.

참고 'crazy'대신 'up the wall'을 써도 비슷한 표현이 됨

I'm **at the end of my rope**.
내 인내심은 바닥이 났어.

참고 'rope' 대신 'tether'를 쓸 수도 있다.
at the end of one's rope = out of options; with no option [hope] left: 절박한 상황에 놓여 있음을 의미하는 표현으로도 쓰인다.

Arthur always **pushes [presses] my buttons**.
Arthur는 늘 내 속[=심장]을 확 뒤집어 놓는단 말야.

참고 push [press] someone's buttons: ...의 속을 뒤집어 놓다 (화나게 하다), 또는 (성적으로) 흥분시키다.

Jane's laziness all summer **got her mother's goat**.
제인은 여름내내 빈둥거리며 엄마속을 엄청 끓였다.

I didn't intend to **rough you up** at all.
당신 약 올릴려고 일부러 그런 것은 절대 아니었거든요.

Joyce often **gets under my skin** these days.
요즘들어 Joyce가 사람 성질을 자주 건드려.

Once you **get me started**, I don't know what's gonna happen here.
네가 내 심기를 건드리면, 여기에 무슨 일이 일어날지 나도 몰라.

Susan is really a picky girl who always **makes** my **blood boil**.
Susan은 정말 까다로워서 항상 나를 열받게 해.

I didn't want to **step [tread] on your toes**.
너의 성질을 건드리고 싶지 않았다구.

Alice **drove me to the edge**.
Alice가 나를 엄청 화나게 했어요.

참고 drive someone to the edge: 어떤 사람을 인내심의 끝까지 몰아 대단히 화가 나게 하는 경우에 사용되고, 또한 극히 어렵거나 절망적인 상황에 이르게 할 때도 사용된다.

1-64 불평하는, 불평불만인, 원망하는, 책망하는

형 complaining / critical / whiny / kvetchy / resentful / nitpicky

동 blame / reproach / rebuke / reprimand

명 complaint / grumble / grumbler / gripe / bellyache / bellyacher / whine / whiner / (chronic) complainer / fault-monger / armchair critic / backseat driver / snipe / sniper / cavil(ing) / quibble / quibbler / kvetch(er) (상습적으로 불평불만을 늘어놓는 것/사람) / pessimist / resentment / muckraker

구 find fault with (someone) / Mondaymorning quarterback / down someone / let [put] someone down / hold [feel] a [any] grudge against / have a chip on one's shoulder / take a rosy view

---

예문

I'm tired of her **grumbling**.
나는 그녀의 불평엔 넌더리가 난다.

Julie **downs me** all the time.
Julie는 늘 나를 깎아내리기 만 해.

> **참고** 'down' 자체를 동사로 쓰기도 하지만, drag down 또는 put [let] down과 같이 다른 동사의 부사로 활용되어 끌어내리다 또는 깎아 내리다, 깔보다 등의 표현으로 쓰일 수 있다.

I'm going to apologize if I **let [put] you down**.
섭섭하게 해드렸다면 사과드릴려구요.

I don't **hold [feel] a [any] grudge** against my coach.
난 코치님에 대해 하등의 불만도 없어.

> **참고** grudge는 '부당한 처우에 대한 지속된 불만'을 담고 있다.

Johnson always **has a chip on his shoulder**.
Johnson은 늘 불평불만이 가득하다.

> **참고** 쉽게 상처받거나, 늘 앙심을 가득 품고 사는 사람들에게 사용할 수 있는 표현이다.

In spite of no experience at all in politics, Joe always acts like a **Monday-morning quarterback**, criticizing every decision made by the government after the fact. He'd better knock off that **Monday-morning quarterbacking** one day sooner now.

정치에 경험이라곤 전혀 없음에도 불구하고 Joe는 정부가 내린 모든 결정을 사후에 비판하면서 항상 월요일 오전의 쿼터백처럼 행동한다. 그 친구는 이제 하루라도 빨리 그놈의 월요일 오전 쿼터백 놀이 (이랬어야 하니 저랬어야 하니 비판과 불만을 늘어 놓는 것)을 그만 두는 게 좋아.

1-65 낙천적인, 낙관적인, 긍정적인

형 cheerful / easy-going / laid-back / carefree / upbeat / positive / happy-go-lucky / optimistic / rosy / sanguine / affirmative / beamish / chill (젊은이들이 많이 씀)

명 happy camper / optimist

구 take it easy / see the glass half full / smell the roses / live in the moment / ride the wave / roll with the punches / walk on sunshine / whistle a happy tune

예문

We think you are being overly **optimistic**.
우리는 당신이 너무 낙관적이라고 생각한다.

Calvin's such a **happy-go-lucky** sort of guy! He tends to **see [look on] the bright side** of people and things.
Calvin은 정말 무사태평한 사람이에요! 그는 사람과 사물들의 밝은 면을 보는 경향이 있어요.

Teresa **painted a rosy picture** of their life together in Italy.
Teresa는 이탈리아에서 그들이 함께 지낼 생활을 장밋빛으로 그렸다.

Dennis tends to **see the world through rose-colored glasses**.
Dennis는 세상을 너무 낙관적으로 보는 경향이 있어.

Our boss's a **happy camper**.
우리 사장님은 낙천적인 사람이에요.

Evelyn always **takes a rosy view** of her future.
Evelyn은 미래에 대해 늘 낙관적인 견해를 갖고 있다.

Nick would usually **see the glass half full** and **live in the moment**.
Nick은 주로 낙관적으로 보고 현재를 즐기려고 하죠

1-66 비관적인, 염세적인, 부정적인, 회의적인, 자조적인

형 pessimistic / gloomy / skeptic(al) [sceptic(al)] / discouraged / misanthropic / world-weary / self-mocking [ridiculing, torturing]

명 doubter / naysayer / disbeliever / pessimist / skeptic [sceptic] / cynic / contrarian / wet blanket / party pooper / doom and gloom [gloom and doom] / buzzkill / spoilsport / sourpuss / dark cloud / Chicken Little / glass-half-empty type [kind, sort] / Debbie Downer / gloomy Gus [Sally] / doubting Thomas [Debbie] / negative Nellie [Nancy] / doubt-monger / devil's advocate

구 have a negative outlook / look on the dark side / view things through a pessimistic lens / see the glass as half empty / shoot from the hip / wear one's heart on one's sleeve

예문

The German philosopher Arthur Schopenhauer was best known for his **pessimistic** view of human beings and the world.
독일 철학자 Arthur Schopenhauer (1788-1860)는 인간과 세계에 대한 회의주의적 관점으로 가장 잘 알려져 있다.

Dennis is **skeptical** about the project.
Dennis는 그 프로젝트에 회의적이다.

The writer paints a **gloomy** picture of the economy.
그 작가는 경제에 대해 암울한 모습을 그려 보이고[묘사를 하고] 있다.

The scientist is a typical **doubting Thomas** about the future of the Earth.
그 과학자는 지구의 미래에 대해 매우 비관적인 견해를 견지하고 있다.

In spite of the beautiful weather, Sarah couldn't shake her **gloomy** outlook on the picnic. She's a typical **glass-half-empty** type.
좋은 날씨에도 불구하고 Sarah는 그 소풍에 관해 우울한 생각을 떨쳐버릴 수가 없었다. 그녀는 전형적으로 부정적인 사람이다.

Tom's constant **gloom and doom** is like a **wet blanket** on our team's morale, making it difficult for us to stay motivated and enthusiastic about our projects.

Tom의 끊임없는 회의적인 태도는 우리 팀의 사기에 찬 물을 끼얹는 것과 같아요. 우리가 프로젝트들에 계속해서 동기가 충만하고 열심이 하길 힘들게 합니다.

Please be wary of having a **negative outlook**, or you might lose many opportunities that will come to you in the future.

부정적인 관점을 갖게 될 것을 경계하세요. 혹시 미래에 당신에게 찾아올 수많은 기회들이 비켜갈 수 있습니다.

Instead of staying positive, David tends to **look on the dark side** of every situation.

David는 매사의 긍정적인 부분보다 비관적인 면을 보는 경향이 있다.

Viewing things through a pessimistic lens can blur your judgment or impede progress.

비관적인 렌즈를 통해 사물을 보다 보면 당신의 판단력이 흐려지거나 일의 진행도 늦어질 수 있다.

Instead of being proactive, Luke often has a **defeatist attitude** that holds him back.

Luke는 적극적인 자세를 취하기 보다 움츠리며 아주 자조적인 태도를 견지할 때가 많다.

형 open / honest / frank / straightforward / truthful / plain / candid / outspoken / blunt / forthright / genuine / bona[-]fide / no-nonsense / upfront / square / (open and) aboveboard / transparent / unfeigned

명 straight shooter / straight arrow / open book / honest Abe / square dealer

구 a man [woman] of his [her] words / on the square / What you see is what you get (with + 사람) / tell it like it is / lay it on the line / have no hidden agenda / do not sugarcoat / do not [cannot] mince words / keep it real / warts and all / be as good as one's words / acting up to what one says / fitting action to the words / level with / laying [putting] one's cards on the table / in your face / open and aboveboard / come out of one's shell

예문

Jim was **frank** about the drawbacks of any deal.
Jim은 어떤 딜을 하든지 단점들에 대해서 솔직했다.

Edward has an open, **forthright** personality.
Edward는 탁 트인 성격의 소유자다

Straightforward people tend to be ingenuous.
직설적인 사람은 순진한 경향이 있다.

Jane's an **up-front** kind of person.
Jane은 아주 아쌀하고 화통한 사람이야.

John Muir is recognized as the first **bona fide** environmental activist
John Muir (1838-1914)는 세계 최초의 진정한 환경 운동가로 인정받고 있다.

James was **open and aboveboard, warts and all**, in all his deals.
James는 모든 거래에 있어서 문제점들에 대해 숨기지 않았다 [솔직했다].

참고 warts and all: 부사구. (몸에 있는 사마귀까지 포함해서) 모든 것을 포함해서, 모든 결함/결점까지, 모조리

Donald demanded that I be **on the square**.

Donald는 내게 정직하기를 요구했다.

Lyon is a **straight shooter** who can't talk around.

Lyon은 빙빙 돌려서 말할 줄 모르는 직설적인 사람이다.

Truman was a **square dealer** who didn't mince words.

Truman은 말을 돌리거나 토를 달지 않는 정직한 사람이었죠.

Gregory is **as good as his word**.

Gregory는 약속을 지킨다.

Actions should go hand in hand with words.

(속담) 언행일치.

I know that you are always **blunt** with me.

당신은 늘 나에게 솔직하다는 거 알아요.

At the meeting, Harold was really **in your face**.

회의에서 Harold는 아주 직설적이었지.

You've really **come out of your shell**.

너 정말 화통하고 시원시원해졌어.

I tend to **shoot from the hip**.

난 앞뒤 생각없이 말을 막 하곤 해.

My sister **tells it like it is**.

누나는 아주 곧이 곧대로 말해.

She **wears her heart on her sleeve**.

그녀는 아주 솔직한 사람이다.

> **참고** wear one's heart on one's sleeve: 호감, 애정, 또는 감정을 숨김 없이 드러내거나 표현하다

형 dishonest / cheating / deceiving / two-faced / pretended / false / affected / sneaky / slick / hypocritical / feigned /deceptive / deceitful / tricky / fraudulent / crooked / underhanded / shady / slimy

명 cheater / hypocrite / trickster / fraud / phony / fake / faker / poseur / sham / shammer / swindler / scam artist / con artist / smooth operator

동 cheat / trick / deceive / fake / dupe / pretend / feign / sham / play both sides

구 a wolf [lion] in sheep's clothing / a snake in the grass / smiling assassin / sweet talker / silver-tongued devil / Jekyll and Hyde [Dr. Jekyll and Mr. Hyde] / play possum / behind [wearing] a mask / wear a false face / act two-faced / dressed up with nowhere to go / putting on an act / masking one's true colors

예문

You must realize what you do is deeply **hypocritical**.
네가 하는 일이 지극히 위선적이라는 것을 깨달아야 한다.

I was disgusted by his **affected [pretended, faked]** smile.
그의 거짓 웃음이 역겨웠다.

No one can trust a **deceitful** person.
어떤 사람도 기만하는 사람을 신뢰할 수는 없다.

Howard was accused of **fraudulent** dealings with many people.
Howard는 많은 사람들과의 사기 거래로 고소 당했다.

Charles Ponzi was such a notorious **scam [con] artist** in the U.S. in the early 20th century.
Charles Ponzi는 미국에서 20세기 초에 악명 높은 사기꾼이었죠.

Unlike his look, Peter is **a wolf [lion] in sheep's clothing**.
외견과는 아주 달리 Peter는 양가죽을 뒤집어 쓴 늑대같은 인간이야.

Don't trust Bob. He is **a snake in the grass**.
Bob을 믿지마. 믿기 어려운 사람이야.

참고 눈에 보이지 않지만 도사리고 있는 위험이나, 언제나 돌변할 수 있는 방심할 수 없는 인간에게 사용.

When his boss is around, Matt often **puts on an act** of diligence and obedience. But his coworkers are aware he is actually quite lazy and rebellious when unsupervised.
Matt은 보스가 옆에 있을 때는 종종 부지런하고 말을 잘 듣는 척 한다. 그러나 보스가 감독하지 않을 때는 실은 꽤나 게으르고 반항적이라는 것을 동료들은 알고 있다.

When the interviewer asked about his weaknesses, John **played possum**, pretending to have no flaws in his work ethic.
John에게 인터뷰 하는 사람이 본인의 약점들에 관해 질문했을 때 자신의 근무 태도에는 어떤 결함도 없는 척하면서 주머니쥐처럼 (거짓으로, 위선적으로) 행동했다.

We have to watch out for people who **wear masks** and pretend to be friendly.
우리는 가식적으로 친한 척하는 사람들을 조심해야한다.

Debora often used to **wear a false face** in front of others to hide her true feelings.
Debora는 그녀의 본심들을 감추려고 다른 이들 앞에서 종종 가식적인 표정을 짓곤 했다.

The teacher firmly told his students not to **act two-faced** and deceive those around them.
선생님은 학생들에게 두 얼굴을 가지고 주변 사람들을 속이지 말라고 단호히 말했습니다.

Joseph tried to **put on a facade of happiness** at the party, but he couldn't conceal the sadness revealed by the tone of his voice.
Joseph은 파티에서 행복한 표정을 지으려고 짐짓 애를 썼지만, 목소리 톤에서 드러나는 슬픔을 감출 수는 없었습니다.

형 coy / scheming / theatrical

구 put on an innocent air / pretend innocence / onto [on to] something / play(ing) hard to get / acting innocent / pretend(ing) not to notice / behind [wearing] a mask of innocence / Butter wouldn't melt in someone's mouth. (그의 입 안에서는 버터 조차 녹지 않을 것처럼 순수한 (조용한, 정숙한) 척하다) / feign ignorance / putting on a facade / play(-ing) the innocent card / have something else in one's mind / devil's [devilish] grin

예문

Please stop being so theatrical anymore! I know you're always so **melodramatic**.
제발 내숭은 그만 떨어. 네가 매우 가식적인 인간인 줄 알고 있어.

George's got a **mischievous** glint in his eye.
George의 눈동자에는 응큼스런 장난기가 서려있어.

Elena's full of tricks and always **on to [scheming] something**.
Elena는 잔꾀들이 많아서 항상 무슨 일을 꾸미려고 한다.

I think the actor's got a **devil's [devilish] grin**.
그 배우에겐 악마같은 미소가 보이는 것 같아.

Jenny always had an innocent smile on her face, as if **butter wouldn't melt in her mouth**. But many of her friends knew better. She was causing chaos behind the scenes.
Jenny는 항상 그녀의 입 안에서는 버터도 녹지 않을 듯이 얼굴엔 순진한 미소를 띄었다. 그렇지만 그녀 친구들의 많은 사람들은 알고 있었다. 그녀가 뒤에선 난장판을 치고 있었다는 걸.

Kathy, I know what you're **on to**. You're gonna invite your best friend's boyfriend to your prom dance.
Kathy, 난 네가 무슨 꿍꿍이인지 알아. 넌 너의 가장 친한 친구의 남친을 prom dance (이성과 함께 하는 학교 (주로 졸업반 senior) 댄스 파티)에 초대할려고 하지.

The singer tried to **put on an innocent air** when questioned about his drunk driving, but he finally turned himself in to the police.
그 가수는 음주운전 혐의에 대해 취조를 받자 아무렇지 않은 척 했으나 결국엔 경찰에 자수했다.

Cindy habitually hid her intentions behind **wearing a mask of innocence**.
Cindy는 습관적으로 순결의 가면 뒤에 자신의 의도를 숨겼다.

1-70 열린 마음의, 편견이 없는, 관용적인, 폭넓은 관점을 가진

형 open / open-minded / unbiased / impartial / fair / generous / tolerant / receptive / fair-minded / broad-minded / accepting / nonjudgmental / understanding / unprejudiced / inclusive / forgiving / accommodating / all-embracing / out-of-the-box / cosmopolitan / magnanimous

명 open book / freethinker

구 open to [down for] diversity [different ideas, opinions, cultures] / have no strings attached [... with no strings attached]

예문

Lance had many friends because he was **open-minded** and not perverse.
Lance는 마음이 열려 있고 맺힌 데가 없어서 친구가 많았다.

They are **tolerant [understanding, accepting, forgiving]** of others.
그들은 타인에 대해 관대하다.

Leonard has **unbiased** views on women's rights.
Leonard는 여성의 권리에 대해서 편견 없는 견해를 가지고 있다.

Universities endeavor to be **open to** diverse ideas and global cultures.
대학교들은 다양한 아이디어와 세계의 문화들에 개방적이고자 노력한다.

American immigration policy is often portrayed as rigid and unyielding. Still, seen from the big picture, it should be understood as an **open-book** mindset that has been **accommodating** and **receptive** over the long haul to the diverse needs of immigrants and their families and the conditions of the domestic economy and labor market.

미국의 이민 정책은 종종 경직되고 양보할 줄 모르는 것으로 묘사된다. 그러나 큰 그림으로부터 보면 그것은 이민자들과 그들의 가족들 그리고 국내 경제와 노동 시장의 상황의 다양한 필요들에 장기적으로 보아 수용적이고 받아들여 주는 열린 마음으로 이해되어야 한다.

Ken is a **fair-minded** guy. He treats everyone with fairness and equality.

Ken은 은 공정한 사람입니다. 그는 모든 사람을 공정하고 평등하게 대합니다.

As my homeroom teacher is a **nonjudgmental** person, he always tries to listen carefully without jumping to conclusions.

우리반 담임선생님은 편견이 없으신 (남에 관해서 쉽게 심판을 내리지 않는) 분이어서, 속단을 내리지 않고 항상 신중하게 들으시려고 합니다.

Benjamin must be an **impartial** person. When he makes any decisions, he mainly relies on the facts rather than personal biases.

Benjamin은 아주 공평한 사람이다. 어떤 결정들 내릴 때 개인적인 편견보다 주로 객관적 사실에 의존을 한다.

1-71 편견이 심한, 선입견있는, 편협한, 마음이 좁은

형 closed [close, small, narrow]-minded / biased / ignorant / inflexible / bigoted / prejudiced / stubborn / partial / preconceived / stereotyped / churchy / blinkered / small-town / opinionated / redneck / provincial / parochial / insular / myopic / closed-off / dogmatic / backwoods [backwood, backwoodsy]

명 bigot / redneck / hick / tunnel vision / myopia / one-track mind / closed mind

구 stuck in a rut / stuck in one's way(s)

예문

They are **prejudiced** against older applicants.
그들은 나이 많은 지원자에 대해 편견이 있다.

Lucas seems a bit **biased** against women in my opinion.
내 생각에 Lucas는 여자들에 대해 다소 편견을 가지고 있어.

Bob's got a lot of **preconceived** notions.
Bob은 아주 많은 선입견들을 갖고 있어.

Oscar is **bigoted** in his opinion.
Oscar는 제 견해를 고집하고 있다.

Redneck festivals often tout racism openly.
편협한 사람들의 축제들은 종종 인종차별주의를 공공연히 자랑한다.

The racist's so **close-minded** that she always judges people only based on their skin color and appearance.
그 인종차별주의자는 마음이 아주 편협해서 항상 피부색이나 외모로만 사람들을 판단한다.

John's **stuck [set] in his ways**.
John은 자신의 방식으로 아주 경도되어 있다.

After years of repeating the same routine, Sarah realized she was **stuck in a rut** and decided to shake things up by traveling solo to new destinations.
수년간 똑같은 일상을 반복한 후에 Sarah는 자신이 반복적인 틀에 갇혀 있음을 깨닫고 새로운 곳들로 혼자 여행을 해서 삶을 완전히 변화시키기로 결정했다.

1-72 단호한, 확고한, 명확한, 흔들림없는, 변함없는

형 firm / solid / decisive / definite / resolute / serious / stable / concrete / steady / determined / strict / rigid / unshakable / immutable / unwavering / unchanging / constant / unvarying / steadfast / unfailing / stern / unyielding / wiry / uncompromising / hard-eyed / inflexible / assertive / rock-solid / ironclad / locked / hard-nosed / intransigent

구 mean it / mean business / dead set / standing one's ground / not budge an inch / not bat an eye / (like) a brick wall / put one's foot down / ain't no changing one's mind / have grit in one's veins / walk the walk

예문

Joan's **resolute [firm, solid, immutable]** belief that she could succeed led her to success in her business.
성공할 수 있다는 Joan의 확고한 믿음이 그녀의 사업을 성공으로 이끌었다.

Peter is a person of **unwavering [unfailing, unchanging, unyielding, unshaking]** integrity.
Peter는 성품이 곧은 사람이다.

As Margaret Thatcher was armed well with an **unfailing** mind, she was not shaken at all by protesters.
Margaret Thatcher는 불굴의 정신으로 잘 무장했기 때문에 시위대에게 조금도 흔들리지 않았다.

It pays to be **assertive**.
단호한 면이 도움이 돼요.

I heard Ronald has a lot of **willpower**.
Ronald는 아주 강단이 있는 사람이라도 들었어.

The economics professor is very **strict** about class attendance.
그 경제학 교수는 수업 출석에 관해 아주 엄격해.

My father is a man of **iron will**.
제 아버지는 강철같은 의지를 지닌 분입니다..

The Senator told a lie **without batting an eyelash**.
그 상원의원은 눈썹한번 까딱않고 거짓말을 능청스레 했다.

Judy would **not budge an inch** for a luxurious lunch. She paid $950 **without batting an eye [eyelash]**.
Judy는 호사스런 점심식사를 고집하더니, 950불이나 되는 돈을 눈썹하나 까딱않고 지불했다.

I don't **put my foot down**, but when I do, I really **mean it**.
난 단호한 편은 아니지만, 일단 결심하면 확고하지.

We must **stand our ground** to keep our peace.
우리는 평화를 유지하기 위해서 단호한 입장을 취해야 합니다.

Steady does it.
꾸준함만 있으면 안되는 게 없어.

Their friendship has **never shaken** through thick and thin.
그들의 우정은 기쁠 때나 슬플 때나 언제나 변함 없었어.

Richard **walks the walk**.
Richard는 한다면 하는 친구야.

1-73 완고한, 고집이 센, 옹고집의, 고집불통의, 독선적인

형 stiff / rigid / stubborn / inflexible / immovable / self-willed / obstinate / diehard / headstrong / pigheaded / mulish / hardmouthed [-headed] / bullheaded] / dogged / unyielding / tenacious / obdurate / unperturbed / pertinacious

명 brick wall / mule / bullhead / rock

구 won't [wouldn't] listen / tough [hard] nut to crack / stick in the mud / hard in the bone / dig in one's heels / remain [be] set in one's heels [opinions] / hold fast to one's opinion [principle(s)] / stick to one's guns / stand one's ground / hold out

예문

Steven has a[n] **stubborn [obstinate]** streak.
Steven은 완고한 데가 있다.

The guy is really **pigheaded**.
그 녀석은 고집이 너무 세.

Timothy is as **stubborn as a mule**.
Timothy의 고집은 아무도 못말려.

No matter how much evidence was provided, Tom remained **set in his heels [dug in his heels]** regarding his belief that his method was the only effective approach.
아무리 많은 증거가 제시되어도 Tom은 자기 방식만이 유일한 효과적인 접근 방식이라는 믿음을 고수했다.

The teacher urged the student to try a different method, but the student **dug in his heels [opinion]**, insisting on solving the math problem his own way.
선생님이 다른 방식을 시도해 보라고 촉구하는데도 그 학생은 그 수학 문제를 자기 식대로 풀기를 고집하면서 자기 생각을 굽히지 않았다.

My science teacher believes that the earth is actually getting colder. He's still **sticking to his guns [standing his ground, holding out]** after all these years.
제 과학 선생님은 지구가 실제로는 더 차가워지고 있다고 믿으세요. 여러 해가 지나도 (그 의견에) 꿈쩍도 안하세요.

The guy often **sticks to his guns [stands his ground, has dogged determination, holds out]** in spite of good opinions of other people.
그 친구는 다른 사람들이 좋은 생각이 있어도 자기 입장/생각을 바꾸지 않으려고 종종 끈질기게 버텨.

형 strong / tough / vigorous / fearless / courageous / determined / energetic / dynamic / powerful / brave / driven / propulsive / propelling / iron-willed / robust / tenacious / dauntless / indomitable / strenuous / hard-bitten / persevering / undaunted / gritty / gutsy / gutty / plucky / lion(-)hearted / rough and ready / intrepid / unflinching / unyielding / unrelenting / ballsy (점잖은 자리에서 사용을 피할 것) / badass

명 guts / drive / grit / moxie / braveheart / go-getter / tough cookie / hustler / (fearless / undaunted) warrior / initiative / get-up-and-go / mettle / pluck / spunk / gumption / balls (점잖은 자리에서는 사용을 피할 것) / fortitude

구 ball of fire / on the front lines / (as) tough as nails / have balls of steel (점잖은 자리에서는 사용을 피할 것) / all heart and no quit / fire in the belly / have the right stuff / no fear, all cheer / take the bull by the horns / roll up one's sleeves / man up / cowboy up / go for broke / gird one's loins / put on one's big boy [girl] pants / get one's game face on / front up (to/in ...)

예문

Vincent knew I was **energetic** and **dynamic** and would get things done.
Vincent는 내가 정력적이고 활동적이며 일을 해낼 것을 알고 있었다.

Beverly is very **tenacious** and will work hard to achieve objectives.
Beverly는 추진력이 있어서, 목표를 달성하기 위해 열심히 일할 것이다.

Denise was **dauntless [undaunted]** in fighting cancer.
Denise는 분연히 암과 투병했다.

Wallace has lots of **get-up-and-go [drive]**.
Wallace 그 친구 추진력이 대단해.

You can say Edward is a **tough cookie**.
Edward는 정말 단호한 사람인 게 맞아.

Tom, our new boss, is a real **go-getter**.

우리의 새 상관인 Tom은 추진력이 강한 사람이야.

Jessica's new assistant is a real **ball of fire;** she's **driven and determined** about taking on any task thrown her way.

Jessica'의 새 조수는 정말 화끈하게 일 잘해. 자기한데 주어지는 일을 맡아서는 추진력 있고 결단력도 있고.

Despite facing many crises, the explorer never lost an **indomitable** spirit.

많은 위기들을 직면했지만 그 탐험가는 불굴의 정신을 잃지 않았다.

Paul is known for his **iron-willed** mind. He could finally overcome incessant setbacks and adversity with his **unbreakable will**.

Paul은 강철같은 마음을 지닌 인물로 알려져있다. 그는 꺾이지 않는 의지로 끊임없는 좌절과 역경들을 끝내 극복할 수 있었다.

1-75 (심성) 의지가 약한, 우유부단한, 줏대없는, (태도) 불분명한, 애매모호한

[형] ambiguous / vague / indecisive / undecided / diffident / hesitant / wishy-washy / fuzzy / hazy / foggy / two-faced / double-minded / wavering / ambivalent / equivocal / vacillating / namby-pamby / inarticulate / ill-defined / muzzy / amphibolic / inapparent / betwixt and between (A and B) / mumbling / ambivalent / noncommittal / muddled / waffling

[명] namby-pamby / fence-sitter / flip-flopper

[동] waffle / flip-flop / waver / vacillate / hem and haw

[구] can't make up one's mind / neither off nor on / beat around [about] the bush [fence] / straddle the fence / sit on the fence / on the fence / hedge one's bets / play both sides / ride the middle / blow hot and cold (all the time) / toe the line / feather in the wind

예문

The guy is always **unclear** about his expression.
그 친구는 늘 의사표현이 분명하지가 않아.

I'm really tired of your **vague** attitude.
너의 애매모호한 태도에 정말 질렸어.

Anderson's **equivocal** response has done nothing to dampen the speculation.
Anderson의 어중간한 반응이 투기를 완화하는데 도움을 주지 못했다.

The **ambivalent** attitude of the president caused serious confusion among the people.
대통령의 모호한 태도는 사람들 사이에 심각한 혼란을 일으켰다.

Bradley's **tepid** leadership was often criticized by many people.
Bradley의 미온적인 지도력은 자주 많은 이들의 비판을 받았다.

The voters were very disappointed with Brady's **lukewarm** reaction to the undesirable bill.
바람직하지 않은 그 법안에 대한 Brady의 미지근한 반응에 유권자들은 매우 실망했다.

As Bob is very **wishy-washy**, he is very poorly organized.

Bob은 아주 우유부단한 친구라 매사가 아주 부실해.

The **ambiguous** attitude of the president caused serious confusion among the people.

대통령의 모호한 태도는 사람들 사이에 심각한 혼란을 일으켰다.

Jackson is very **indecisive** when he has to make a critical decision.

Jackson은 중요한 결정을 내려야 할 때 매우 우유부단하다.

Veronica is like a **feather in the wind**.

Veronica는 변덕이 죽 끓는 듯 한다 (깃털처럼 가벼운 사람이다).

I think Penny is such a **fence sitter**.

Penny는 우왕좌왕하는 느낌이 들어.

I **have a lot in my mind** after I started my business.

사업 시작한 후부터 오만가지 생각이 들어.

Isabella couldn't **get [put, gather] her thoughts together**.

Isabella는 마음의 갈피를 잡지 못했다.

Logan's **all over the place**.

Logan은 마음이 (어디에 있는 지 모를만큼) 어수선하다.

Christopher is **never sure which way the wind is blowing**.

Christopher는 상황파악에 늘 자신이 없어.

Since a lot of things have happened at once, I do**n't know whether I'm coming or going**.

오만가지 일이 한꺼번에 생기는 통에 이러지도 저러지도 못하고 있어.

Gabriel tends to **sit on [straddle] the fence** until the last minute.

Gabriel은 마지막 순간까지 양다리를 걸치는 (결정을 미루는) 경향이 있지.

참고 sit on the fence: 성격상의 이유나 장애로 결정을 내리지 못하는 것이 아니라 의도적으로 결정을 미루거나 양다리를 걸치는 것

형 aindependent / self-made / self-sufficient / self-reliant / self-driven [self-motivated]

명 bootstrapper / self-starter / self(-reliant) achiever / self-made success

구 rise from rags to riches / rags-to-riches success / create [make] something out of nothing / came up from nothing / scratched and clawed one's way to the top / DIY [Do-It-Yourself] success / pulled oneself out of the gutter / gritty success story / boss up from the bottom (rung)

예문

Bryce is a **self-made** billionaire.
Bryce는 자수성가한 억만장자이다.

Adam is very **self-reliant**.
Adam은 매우 자립적인 사람이다.

Albert is a real **lone ranger**.
Albert는 아주 자립적인 친구이다.

참고 남의 도움없이 스스로 일을 잘 하는 사람을 말할 때 사용된다.

As a seasoned **bootstrapper**, Oprah built her thriving business from the ground up without any external funding or assistance.
노련한 자수성가형으로 Oprah는 외부의 자금지원이나 도움이 전혀 없이 맨땅으로부터 그녀의 번창하는 사업을 일으켰다.

Louis Armstrong's life was a role-model success story. He literally **rose from rags to riches** and fame.
Louis Armstrong (1900-71, 미국 trumpeter, 재즈 싱어, bandleader)의 인생은 롤모델 성공담이죠. 그는 문자 그대로 넝마로부터 부와 명예로 올랐습니다.

[사진] 미국 남부 Louisiana 주 New Orleans의 빈민 홍등가에서 매춘과 허드렛일을 하며 살아가는 홀어머니 아래 신문과 석탄 배달 소년으로 자라나 시련을 극복하고 세계적인 재즈 음악의 대사 ("the Ambassador of jazz")로 성공한 재즈 트럼펫 연주가이며 밴드 리더 Louis Armstrong (1901-1971). 사진제공: the U.S. Library of Congress

Martha Stewart's life was a testament to her ability to **boss up from the bottom**, starting her business from her garage and backyard and eventually building it into a hugely popular big retail and media business.

Martha Stewart (1941-, 미국 여성 사업가, 방송인, 저술가)의 인생은 밑바닥으로부터 보스까지 올라가는 그녀의 능력을 입증한 것이었습니다. (집의) 차고와 뒷뜰에서 장사를 시작해서 마침내 엄청 인기 있는 소매업과 미디어 대기업으로 만들었습니다.

Living off the grid for a natural life requires a **self-sufficient** mindset.

자연인의 삶을 위해 (전기, 수도, 인터넷서비스에서 비켜 있는) 오지에서 살아가려면 강한 자립의 마음가짐이 필요하다.

Anne is a typical **bootstrapper** who always **stands on her own** and never leans on others.

Anne은 전형적인 자수성가형 인물로, 항상 스스로 일어서며 결코 남들에게 의지하지 않는다.

형 free / independent / freewheeling / freethinking [free-thinking] / free-spirited / independent-minded / free agent / untamed / Bohemian / unrestrained / unfettered / maverick / non-conformist

명 free [independent] man [woman, soul, spirit] / freewheeler / freethinker / rolling stone / Bohemian / one-man band / maverick / non-conformist

구 go it alone / go solo / forge one's own path / do things one's own way / march to the beat of one's own drum / go against the grain / stand on one's own two feet / striking out independently / pave one's own path / follow one's own compass / take the road less traveled / do one's own thing / chart one's own course / live by one's own standards

예문

The guitarist must be a **freewheeler [rolling stone, free soul]** who doesn't like to be controlled or interfered with by other people.
그 기타연주자는 방해받는 것을 아주 싫어하는 자유로운 영혼의 소유자임에 틀림없어.

Murphy is such a **rolling stone**.
Murphy는 한 곳에 정착하지 못하는 친구야. (주소나 직업이 자주 바뀜)

참고 역설적으로 '부지런하고 활동적이며 참신한' 사람을 나타내는 긍정적인 표현으로 쓰이기도 한다. 대표적인 속담인 ' A rolling stone gathers no moss. 구르는 돌은 이끼가 끼지 않는 다'는 표현이 이런 예라고 볼 수 있다.

The Alaskan wilderness trained Jack's **untamed** spirit and urged him to **follow his own compass** and embark on a solo expedition into the wild mountains and rivers.
알래스카의 야생자연은 Jack의 야생적인 정신을 훈련시키고 그로 하여금 자기만의 방식을 따르고 그 야생적인 산과 강들 안쪽으로 홀로 탐험을 떠나도록 촉구했다.

[사진설명(책)] Jack London의 당시세계적 명작The Call of the Wild(1903) 초판, Macmillan Co. 을 추가해 주세요

[사진] Jack London:
미국 Alaska 주와 Canada의 Yukon 지역의 the Klondike Gold Rush (1896-99)를 소재로한 순수한 자연과 독립적이고 개척자적인 정신, 근로자들의 복지, 사회경제적 정의, 환경과 동물 보호 등을 주제로 미국의 현실주의와 자연주의 문학을 이끌고 세계적인 수퍼 스타덤에 오른 Jack London (John Griffith Chaney, 1876-1916). 대표작: The Call of the Wild (1903); White Fang (1906). 사진 (1906-16년 경): Original Photographer Arnold Genthe; 사진제공: U.S. Library of Congress

Despite pressure to pursue a traditional career, Ansel Adams chose to **march to the beat of his own drum**, exploring the American West as an environmental photographer.

전통적인 커리어를 추구하라는 압력에도 불구하고 Ansel Adams는 자기만의 신념을 추구하여 환경 사진작가로 미국 서부를 탐구했다.

[사진: 왼쪽] Photography를 통해 평생 자연 사랑과 환경보호를 추구한 Ansel Adams (1902-84). 특히 미국 서부 (the American West)의 야생자연의 흑백 사진들로 유명하다. 사진제공: U.S. National Park Service. [사진: 오른쪽] Adams의 흑백 사진 작품 'The Tetons (the Great Teton Mountains) and the Snake River' (1942). 사진제공: U.S. National Archives/ U.S. National Park Service

A famous singer is known as such a **maverick**, so following the customs or rules of society appears to be a hassle.
한 유명한 가수는 꽤나 독불장군으로 알려져 있으므로, 사회의 관습이나 규칙들을 따르는 일들이 무척 힘들어 보인다.

My brother decided to **pave his own path** in the AI industry, creating a unique business model.
우리 형은 인공지능 산업에서 독특한 비즈니스 모델을 만들어 자신만의 길을 개척해 나가기로 결심했다.

After quitting her job, Kathy was determined to **stand on her own two feet** and pursue her new goal of becoming a designer.
일을 그만둔 후, Kathy는 자립해서 디자이너가 되는 새로운 목표를 추구하기로 결심했습니다.

1-78 대기만성의, 늦게 진가를 발하는

형 late-blooming

명 late [belated] bloomer [achiever, developer] / latecomer / slow starter / tardigrade success / belated [long-awaited, time-deferred, delayed] success / tardy achiever / slow burner / deferred triumph [success]

구 blossom [bloom, mature] late [in later years] / Slow and steady wins the race. / be long in the making / succeed behind schedule / succeed in the eleventh hour / get a [one's] second wind

예문

A **late bloomer**, he started college at the age of 26.
그는 26살에 늦깎이 대학생이 되었다.

My brother was a **late starter**, but he could greatly succeed in his career eventually.
내 동생은 늦깎이로 입문했지만 결국 크게 성공할 수 있었다.

In the long run, his hidden talent **shone through**.
결국엔 그의 숨겨진 재능이 빛을 발했습니다.

We never know who will most greatly **achieve in their life in the end**.
끝에 가서 누구가 그들의 삶에서 가장 크게 성취할 것인지 결코 아무도 모른다.

Some people **take longer to make [hit] their stride**.
어떤 이들은 자신들의 정점에 이르는데 보다 오랜 시간이 걸리기도 한다.

Your success does not always come early in life.
당신에게 성공이란 반드시 젊은 시절에 찾아오는 것은 아니다.

After living most of her life as a common housewife, Laura Ingalls Wilder discovered her true calling in writing in her 60s and **got her second wind**. Her first book 'Little House in the Big Woods,' published at age 65, demonstrated that one can **succeed in the eleventh hour** in the pursuit of his or her dreams.
인생의 대부분을 평범한 주부로 살고 나서 Laura Ingalls Wilder (1867-1957)는 60대에 진정한 소명을 글쓰기에서 발견하고 대기만성을 이루었다. 65세에 출간된 그녀의 첫 작품인 Little House in the Big Woods는 사람은 자기의 꿈을 추구하는데 있어서 인생 끝판에 성공할 수 있음을 보여 주었다.

참고 Laura Ingalls Wilder (1867-1957): 19세기 말 미국의 변경 지역 (예: Wisconsin 주)에서의 어린 시절을 소재로 한 Little House 시리즈 (대표작: Little House on the Prairie (1935))를 포함한 아동 소설 작가

형 dependent / reliant / needy [needful] / parasitic / clingy / subordinate

명 leaner / beggar / parasite / sponger / bummer / freeloader / moocher / scrounger / hitchhiker / welfare queen / bloodsucker / vampire

동 depend [lean, live, hinge, count] on others / cling to others / leech (others) / leech on to (others) / bum off (others) / sponge on [off] (others) / live off [off of] (others) / mooch [bum] (something, things) (from someone, others)

구 ride on the coattails of (someone, others)

예문

Tammy is a very **dependent** person who often needs someone to help her.
Tammy는 자주 누군가의 도움을 필요로 하는 매우 의존적인 사람이다.

Helen is kind of a **clingy** person who is afraid of being alone.
Helen은 혼자 있는 것을 무서워하는, 좀 의존적인 사람이다.

Nancy's always calling me for little things. She seems to be quite a **needy** person.
Nancy는 이런 저런 작은 것들로 나한테 전화를 하는데. 꽤나 어려운 [가난한, 남에게 의존하는] 사람인 것 같아.

They are **reliant** on a very limited number of exportable products.
그들은 아주 제한된 수출용 품목에 의존하고 있다.

Kimberly always **counts on** her friends.
Kimberly는 항상 친구들에게 의지한다.

Stop **bumming** cigarettes from your friends all the time. You've never given even one back to any one of them!
친구들한데 항상 담배 빈대 붙지좀 마. 넌 단 한개도 단 한명에게도 돌려 준 적이 없잖아!

Some people manipulate others emotionally to **live off (of)** them, exploiting their kindness and generosity for personal gain.
일부의 사람들은 남들의 친절과 너그러움을 이용하면서 빌붙어 살기 위해 그들을 정서적으로 조종한다.

That selfish girl would constantly **sponge on [off]** her roommates, never pitching in for bills or chores but always quick to enjoy the benefits of their efforts.
그 이기적인 여자애는 늘 룸메이트들한테 빌붙어 지냈어. 계산서[청구서]들이든 작은 일이든 전혀 돕지는 않고 항상 그들의 노력의 득을 보는 데 잽쌌지.

1-80 (긍정적) 호기심이 많은, 관심이 많은

형 curious / inquiring / inquisitive / exploratory
명 curiosity / inquiry
동 question / inquire / explore
구 have (one's) curiosity piqued / inquiring [exploratory] mind / eager to learn [question] / thirst [hunger, be thirsty (hungry)] for knowledge / always seeking answers

예문

We are all **curious** and like to gossip.
우리 모두는 호기심이 많고 잡담하기 좋아한다.

I've always had an **inquiring** mind where food is concerned.
음식에 관해서, 나는 항상 묻는 자세를 가지고 있다.

Curiosity killed the cat.
너무 깊이 알려고 하면 낭패를 본다. (너무 알려고 하지마)

참고 호기심이나 궁금증이 커서 오히려 손해보는 경우를 뜻함. 주로 동사 과거형을 사용함.

I just asked you about it **out of curiosity**.
그냥 궁금해서 물어 봤어.

To become a scientist, you have to **have (your) curiosity piqued** around you all the time.
과학자가 되려면 주변에 항상 관심의 끈을 놓지 않고 있어야 한다.

1-81 (부정적) 꼬치꼬치 캐묻는, 참견하기 좋아하는, 오지랍 넓은

형 nosy [nosey] / inquiring / snoopy / prying / inquisitive / probing / meddlesome / interfering / obtrusive / intrusive / officious

명 rubberneck [rubbernecker] / busybody / eavesdropper

동 rubberneck / eavesdrop (on ...) / pry (into ...)

구 poke one's nose into ... / stick one's nose where it doesn't belong / cock an [one's] ear [eye, eyebrow; 복수형 eyes, ears, eyebrows도 사용된다] at ... (의심하거나 캐묻는 반응으로 귀를 쫑긋 세우거나 눈을 치켜뜨다)

예문

I'm sick of you **prying into** my personal life!
당신이 내 사생활을 캐고 다니는 거 넌더리가 나요!

He's an **officious** little man and widely disliked in the company.
그는 참견하기 좋아하는 유치한 남자로 회사에서 널리 미움을 받았다.

Yumi's often **poking around**. She is such a nosey person.
유미는 항상 캐물으며 돌아다니는 참견하기 좋아하는 호기심많은 사람이다.

He was **meddlesome** and **poked his nose into** almost everything in the village.
그는 오지랖이 넓어서 마을에서 일어나는 거의 모든 일에 참견을 했다.

They broke up recently because Jane was a real **backseat driver**.
Jane의 지나친 참견으로 그들은 최근에 결별했다.

When he hears a fresh idea from someone, my boss usually **cocks an eyebrow [eye, ear]** trying to figure out where it comes from. Many people don't like it, I'm telling you.
누군가로부터 새로운 아이디어를 들으면 내 보스는 그것이 어디서 온 것인지 알아내려고 하면서 흔히 눈썹을 치켜 올리죠. 근데요, 많은 사람들이 그가 그러는 거 좋아하지 않아요.

1-82 무관심한, 냉담한, 흥미를 보이지 않는

형 indifferent / unconcerned / uninterested / unmindful / ice-cold / detached / unmotivated / unengaged / apathetic / nonchalant

명 indifference / apathy

구 couldn't care less / Something's like water off a duck's back to someone. / don't [couldn't] give a damn / None of one's business. / Blow it off. / (as) distant as the moon / not someone's cup of tea / be zoned [tuned, numbed] out / nothing [zero, zip, nada]

예문

Nobody can be **indifferent** to this when they see how it affects the victims.
그것이 희생자들에게 미치는 영향을 보면 그 누구도 무관심할 수 없다.

Grady is totally **apathetic** to [about] world affairs.
Grady는 세계 정세에 완전히 무감각하다.

He is **uninterested in** politics.
그는 정치에는 매우 무관심하다.

She shrugged her shoulders in a **nonchalant** manner, conveying an attitude that suggested she **couldn't care less** about the outcome of the meeting.
그녀는 그 회의의 결과에 전혀 신경 쓰지 않는다는 태도를 나타내면서 무관심한 태도로 어깨를 으쓱했다.

When confronted with questions about his possible sexual misconduct, Donald did**n't give a damn**.
자신이 성적인 비행 가능성에 관한 질문들을 마주쳤을 때 Donald는 전혀 개의치 않았다 (완전 무시했다).

Even though the Youtuber received malicious comments countlessly, **it's like the water off a duck's back** to her.
수없이 악플을 받아 왔어도 그 유튜버는 전혀 개의치 않았다.

A: I'm stressing out about my thesis. I doubt I can meet the deadline.
B: Don't worry too much. Just **blow it off** and focus on reading and writing. You'll do great.
A: Thanks for your pep talk. I'll go back to the library to hit the books now.

A: 논문 때문에 엄청 스트레스를 받고 있어. 마감일을 지킬 수 있을지 의심스러워.
B: 너무 걱정하지 마. 근심따윈 그냥 잊어버려. 읽기와 쓰기에만 집중해. 넌 잘 할거야.
A: 격려의 말 해줘서 고마워. 이제 책 읽으러 도서관으로 돌아갈게.

1-83 이성적인, 합리적인, 상식이 있는

형 reasonable / rational / wise / sensible / thoughtful / commonsensical / level-headed / clear-headed / no-nonsense / pragmatic / down-to-earth / clued-in / (well) grounded / prudent / sound [right]-minded

명 sharp cookie

동 make sense

구 switched on / with one's head screwed on / have a good [sensible] head on one's shoulders / a voice of reason / on the ball / got [have] it (all) together / be all there / be with it

예문

Alexis doesn't have any degree, but he has a lot of **horse sense**.
학위도 없지만, Alaxis는 상식이 풍부한 사람이야.

William **has a good [sensible] head on his shoulders**.
윌리엄은 꽤 총명한 아이야.

When negotiating a deal, it's important to **have a clear head** and **be all there**, to make sure that you make sensible choices that benefit both parties involved.
어떤 거래를 협상할 때는 관련된 양측에게 모두 이득이 되는 합리적인 선택을 보장하도록 맑은 머리와 이성적인 것이 중요하다.

It's evident that the new manager **has her head screwed on**; she listens to her team's input, weighs the options carefully, and makes **well-grounded** decisions for the success of the organization.

그 새로온 매니저는 이성적인 사람이 분명합니다. 그녀는 조직의 성공을 위해 팀의 의견에 귀를 기울이고 선택사항들을 조심스럽게 판단하고 합리적인 결정들을 내리죠.

Jane is always **on the ball** at work.

Jane은 직장에 일 처리시 늘 이성적이다.

Joshua **has it all together**, so his father is always proud of him.

Joshua는 매사에 합리적이기 때문에 아버지는 늘 그가 자랑스럽다.

Despite her fame and great success, the singer always remains **down-to-earth**.

그녀의 명성과 큰 성공에도 불구하고, 그 가수는 (오버하지 않고) 현실감을 유지하려고 늘 애를 쓴다.

His consistent **level-headed** approach to every research project made Daniel an outstanding scholar in his field.

모든 연구 프로젝트에 대한 그의 일관되고 이성적인 접근 방식은 Daniel을 해당 분야에서 뛰어난 학자로 만들었다.

1-84 현실적인, 실제적인, 실리적인, 시류에 편승하는, 순리를 따르는

형 realistic / practical / down-to-earth / businesslike / pragmatic / no-nonsense / mainstream / cookie-cutter / grounded / vanilla

명 realist / conformist / square / bandwagoner / normie / cookie-cutter / sheep / trend-chaser / status quoer / vanilla

동 conform

구 swim with the tide [flow] / jump on the bandwagon / go with the flow [crowd] / roll with the punches / on the beaten path [track] / ride the wave / follow the herd / blend in / keep up with the Joneses / toe the line / go along for the ride / run [go] with the pack / follow the yellow brick road / walk in the same (old) path / go where the wind blows / see how the land lies / see which side the [your] bread is buttered on

예문

You are always **practical**, Maria.
Maria, 당신은 항상 현실적인 사람이에요.

As John is always **realistic**, he never believes in pie-in-the-sky ideas.
John은 늘 현실적인 사람이어서 허황된 것들은 결코 믿지 않는다.

Diana is always **down-to-earth**.
Diana는 언제나 현실적인 사람이에요.

Tracy's not the kind of person to **jump on the bandwagon**.
Tracy는 시류를 따르는 사람이 아니다.

The smart person **swam with the flowing tide**.
그 똑똑한 사람은 우세한 쪽에 붙었다.

The new manager is such a guy **with his feet on the ground**.
새 지배인은 제법 현실적인 사람이다.

Don't get me wrong. Definitely, I'm not a **meek rule taker**.
오해하지마. 난 절대 순순히 규칙만 따르는 사람은 아니야.

After receiving multiple job offers, Anthony quickly **saw which side his bread was buttered on** and chose the company with the best benefits package.

다수의 고용 제의를 받고 Anthony는 어느 쪽이 자기에게 실제로 이득이 되는지를 재빨리 알아차리고서는 가장 좋은 혜택을 제공하는 회사를 선택했다.

In times of uncertainty, it's often wiser to **swim with the tide** rather than against it, adapting to the prevailing circumstances for smoother progress

불확실성의 시대에는 보다 순조로운 발전을 위해서는 지배적인 환경들에 적응하면서 시류에 거슬러 가지 않고 차라리 시류에 따라가는 것이 종종 더 현명하다.

1-85 비현실적인, 허황된, 공상적인, 몽상적인, 황당한

형 silly / absurd / unrealistic / unreal / dreaming / nonsensical / unreasonable / senseless / irrational / impractical / loony [looney, loonie] / zany / hollow / fanciful / visionary / Utopian / quixotic / starry-eyed / ludicrous / delusional / preposterous

명 dreamer / idealist / fantasist / airhead / space cadet / daydream [daydreamer] / pipe dream [pipe-dreamer] / dreamscape / wishful thinker

구 fool's paradise / castle in the air [air castle, castle in Spain] / build castles in the air / live in dreamland / have one's mind in neverland [never-never land] / head in the clouds / hide [bury, have] one's head in the sand / float on clouds / stars in one's eyes / take a flight of fancy / walk on the air / in a pig`s eye ('말도 안되는, 그럴 일 절대 없어' 라는 의미로 부정문에서, 또는 부정적인 대답으로 사용. 속어적 표현으로 in a pig's ass도 사용된다.)

예문

The players are completely **unrealistic** in their demands.
그 선수들의 요구가 완전히 비현실적이다.

Cut out such a pipe dream! It's just like **chasing after rainbows**.
그런 몽상따윈 집어쳐! 괜히 허황된 꿈을 쫓는 일이야.

Sally's **words** last night **rang hollow**.
어제 Sally가 했던 말들은 왠지 허황되게 들렸어.

I can't trust the candidate **talking a lot of guff**.
허황된 말만 늘어놓는 저 입후보자는 믿을 수 없어.

When the boy claimed he had finished all his homework, his mom replied, "**In a pig's eye**! I saw you playing video games all afternoon."
소년이 숙제를 모두 마쳤다고 주장했을 때 그의 엄마가 대답했다. "절대 그럴리가 없어! 네가 오후 내내 비디오 게임들을 하는 걸 내가 봤는데."

Ivan said, "**My head is always in the clouds**."
Ivan은 자신이 늘 허황된 꿈을 꾸는 사람같다고 말하더라

Jenny always '**live in dreamland**' and doesn't pay attention to the things happening around her.
Jenny는 늘 허황된 생각들을 하면서 자신의 주변에 주의를 기울이지 않아.

Ignoring the signs of climate change, some politicians **buried their heads in the sand** instead of taking proactive measures to address the issue.
기후변화의 징조들을 무시하고 일부 정치인들은 이슈를 해결할 적극적인 대책들을 시행하기는 커녕 오히려 현실/문제를 외면하고 부정했다.

> **참고** bury one's head in the sand: 타조 (ostrich)가 위험에 직면하면 흙 속에 머리를 처박고 묻는다는 설화에서 시작된 표현으로 '현실, 문제, 위험, 즐겁지 않은 상황을 인정하고 해결하려고 하지 않고 부정하거나 외면하다' 라는 뜻.

형 religious / spiritual / soulful / prayerful / superstitious / psychic / mystic(al) / God-fearing / holier-than-thou (내 신앙이 당신 신앙보다 깊다라는 다소 오만함의 뉘앙스 내포) / evangelical / starstruck / charmed / karmic / New Age / crunchy

명 psychic / light worker / aura reader / seeker

구 cosmic vibes / divinely guided / feel the spirits

예문

My wife seems to have a **psychic ability** to correctly guess where I am at any given time.

제 아내는 언제든 제가 어디 가 있는지 정확히 알아맞추는 영성적인 능력이 있는 듯해요.

There are tens of millions of **God-fearing, evangelical** Christians in the American South.

미국 남부에는 수천만 명의 하나님을 경외하는 복음주의적인 기독교인들이 있다.

Whenever there's a sudden gust of wind, James claims to **feel the spirits** and becomes convinced that something ominous is about to happen.

느닷없이 돌풍이 불 때는 James는 귀신들을 느낀다고 주장하고 불길한 무슨 일인가 곧 일어날 거라고 확신하게 된다.

My grandmother is so **superstitious** that she prevents us from whistling and cutting nails at night.

우리 할머니는 미신을 너무 믿으셔서 우리가 밤에 휘파람을 불거나 손톱을 깎는 것을 못하게 하신다.

Whenever he faced tribulations, Matthew remained **God-fearing** and found solace in his faith.

Matthew는 환난에 직면할 때마다 영성적인 마음가짐을 잃지 않고 믿음을 통해 위로를 얻었습니다.

My wife often attributed her current struggles to her **karmic** debt from a past life.

아내는 종종 현재의 어려움들을 전생의 업보 탓으로 돌렸습니다.

When he closed his eyes on the summit of the mountain, Bill could feel the **cosmic vibes** connecting him to the **supernatural**.

산 정상에서 눈을 감았을 때 Bill은 자신과 초자연을 연결해주는 영적인 기운을 느낄 수 있었습니다.

1-87 얼빠진, 정신이 나간, 제 정신이 아닌, 실성한

형 crazy / insane / dazed / stunned / blank / lunatic / deranged / bananas / cuckoo / batty / cray [cray-cray] / spaced-out / bonkers / wacko / wacky / loopy / haywire

명 crazy / nut / lunatic / loony [looney] / cuckoo / wacko / fruitcake

동 freak (out)

구 off one's box / out of one's mind / beside oneself / drive (someone) up the wall / lose control (of oneself) / lose it / (as) mad as a hatter [a March hare] / (as) nutty as a fruitcake / out to lunch / round [around] the bend / not have one's wits about one / off the deep end / off one's rocker [nut, trolley] / out of one's tree / batshit crazy / touched in the head / one sandwich short of a picnic / three fries short of a Happy Meal / have bats in one's belfry

예문

The guy is **insane**. I can't keep up.
그 미친 인간이야. 못 해 먹겠어.

Are you **out of your mind**?
정신 나갔어?

You must be **out of your head**.
제 정신이 아니야. (=out of your mind; out of your senses)

No matter how hard I tried to persuade Sullivan, he couldn't understand me at all. Then I realized he was **out to lunch**.
내가 아무리 Sullivan을 설득하려고 했어도, 그는 나를 전혀 이해하지 못하더라. 그때 그 친구가 생각이 완전히 딴 데 가 있는 것을 알게 되었지.

You seem to be a little **cuckoo** at the moment. I've never seen you like this before.
너 지금은 좀 정신 나간 듯해. 너의 이런 모습을 난 전에 본 적이 없거든.

I just **snapped** at that time and regretted what I did soon.
그때 난 완전히 실성했어 그리곤 곧 후회했지.

Rosa is (as) nutty as a fruitcake.
Rosa는 정신나간 것처럼 꼴깝 떨고 있더군.

참고 튀는 옷을 입은 여자에게도 사용

After Tyson was laid off, he seemed like a man who came apart at the seams.
Tysone은 직장에서 해고된 뒤, 완전히 정신이 나간 사람 같았다.

Don't go [be] haywire on [from, because of] this.
이것 가지고 실성하지 마.

I believe that he freaked out.
그 친구 실성한 것 같아.

The guy doesn't seem to be all there.
그 친구는 온전한 듯 보이지는 않아.

Believe me. It blew my mind at that time.
믿어줘. 그때는 정말 내 정신이 아니었어.

참고 blow someone's mind; shock or amaze someone; be hard to believe: 긍정적인 어감으로도 종종 쓰인다.

Lately, Donald has been talking about conspiracy theories and UFOs almost every day. It's like he has bats in his belfry.
근래 들어서 Donald는 음모설이며 UFO며 거의 매일 얘기하고 있는데요. 그 친구 좀 돈 듯해요.

참고 have bats in one's belfry' (= act strangely, be a bit crazy): 흔히 유머스러운 표현 (but old-fashioned)
belfry: head 나 mind의 속어

Alex must have a bee in his bonnet!
Alex가 미쳤구만! (=bats in his belfry)

참고 have a bee in one's bonnet [hat] (about ...): 만성적인 괴상한 집착/지나친 신경을 쓸 때의 표현

Such a tight deadline sends me round [around] the bend.
그렇게 타이트한 마감 일정 때문에 돌아버릴 지경이야.

I believe that you went overboard.
난 자네가 너무 지나쳤다고 봐.

참고 go overboard: 도를 넘는 관심/지지/소비 등.

Tony's totally **out of it**.
Tony는 전혀 제 정신이 아니야.

When Romeo said he loved her, Juliet **lost it** right then, right there.
Romeo가 그녀를 사랑한다고 말했을 때 Juliet은 바로 그 때 바로 거기서 정신을 차릴 수 없었다.

What the hell's got into you?
도대체 뭐에 씌인 것 아냐?

참고 What's gotten into you? What's (going on) with you? (보다 점잖은 구어체)

Aron **goes whacko** every once in a while.
Aron은 한번씩 헷가닥 한다.

Keith: Oh, my gosh! I said to Annette I loved her last night on the spur of the moment!
Hazel: Oh, you did?! It must've been what **came over you**!
Keith: 오, 이런! 어젯밤 내가 순간적으로 Annette한테 사랑한다고 말해 버렸네!
Hazel: 오, 그랬어? (순간적으로) 뭔가 씌였던 게 분명해.

Why are you **flipping out on** me?
왜 나에게 실성한 이처럼 발광을 하는 거야?

Ever since he lost his job, Ben's been **mad as a hatter**, muttering to himself a lot.
직장을 잃은 후로 Ben은 혼자서 실성해 있어. 혼자서 자주 중얼거리면서.

형 fluent / eloquent / glib / silver-tongued / smooth-talking [-talkin'] / oratorical / golden-mouthed / loquacious

명 smooth [slick] talker / wordsmith / orator / silver-tongued devil (주로 긍정적, 유머스러운 의미)

구 a whiz with words / have a glib tongue / have a gift of (the) gab / talk a blue streak (about ...) (줄줄이 말을 잘하다) / have a flowing tongue / have a facility of speech

예문

Victor is a **smooth talker**.
Victor는 아주 언변이 뛰어난 수완가이다.

I believe Peter is a **silver-tongued** guy.
내가 보기에 Peter는 말을 유창하게 하는 친구야.

Brett's speech was unusually **eloquent**.
Brett의 연설은 아주 유창했다.

Henry is a **smooth talker**. He's **got the gift of the gab**.
Henry는 청산유수의 달변으로 타고난 재담꾼이다.

Charlie is a **glib**, self-centered man.
Charlie는 입이 가볍고, 이기적인 사람이다.

Tony was very **voluble** on the subject of women's rights.
Tony는 여성의 권리라는 주제에 대해 아주 열변을 토했다.

Jake **has a silver tongue** that is very persuasive and good at convincing others.
Jake는 정말 남들을 잘 납득시키고 확신을 주는 데에 탁월한 사람이다.

참고 a silver-tongued devil 이라고 쓰기도 한다.

형 inarticulate / nonfluent / bumbling / halting / clunky / tongue-tied

명 tongue-tie / tongue-twister / mumbler (분명하지 않고 우물우물 이야기 하는 사람) / rambler (두서 없이 무질서하게 종종 장황하게 이야기를 늘어 놓은 사람) / stutterer (의학적 또는 심리적 또는 다른 장애로 말을 어눌하게 하거나 더듬거리며 하는 사람)

동 bumble / stutter / stammer / mutter / mumble / ramble / (often) halt

구 trip over words / tied up in knots / falter [flounder] in speech / be all thumbs in speech [in one's talks]

예문

I think Matt's a rather ho-hum kind of guy. His **mumbling** talks leave the listeners unimpressed or uninterested most of the time. Is he going to make a good salesman?
내가 보기엔 Matt은 좀 그저 그런 친구야. 그 친구의 우물우물 하는 말에 대부분의 경우 듣는 사람들이 깊은 인상을 받거나 관심을 보이지 않아. 그가 훌륭한 세일즈맨이 될까?

I've seen some writers who were, surprisingly, **clunky** speakers.
전 놀랍게도 말이 어눌한 작가들을 좀 봤습니다.

As a little boy, John F. Kennedy was known to be sort of a **stutterer**.
어린 시절 John F. Kennedy는 말을 좀 더듬는 아이로 알려졌었죠.

On their first dates, many young people find themselves so **tongue-tied** they can't even come up with a compliment.
첫 데이트에서는 많은 젊은이들이 너무도 말을 못해서 칭찬 한마디 조차 할 수가 없죠.

참고 tongue-tied : 선천적인 구강 장애로 인해 말을 잘 못하는 경우를 뜻하기도 하지만 대부분의 경우는 부끄러워 하거나, 놀라거나, 당황스러워서 일시적으로 말을 못하는 경우를 뜻한다.

When it comes to expressing their emotions, most men are hopelessly **inarticulate**.
자신의 감정을 표현하는 문제에서 대부분의 남성들은 절망적으로 말이 서툴다.

Of all the U.S. presidents, presidents such as Andrew Johnson, Ulysses Grant, Warren Harding, Calvin Coolidge, and Herbert Hoover were **all thumbs** in speech, often **faltering** or **rambling**.

모든 미국 대통령들 중에 Andrew Johnson, Ulysses Grant, Warren Harding, Calvin Coolidge, Herbert Hoover 같은 대통령들은 종종 더듬거리거나 주저리 주저리 하는 등 말재주가 전혀 없었다.

1-90 말이 많은, 수다쟁이인, 허풍쟁이인, 뻥이 쎈, 과장하는

[형] gossipy / talkative / chatty / noisy / wordy / loose-lipped / voluble / boisterous / verbose / hyperbolic / loquacious / garrulous / bombastic

[명] talkativeness / wordiness / gossip / gossiper / big mouth [bigmouth] / windbag / blabbermouth / chatter-box / rumor [gossip]-monger / busybody / motor-mouth / verboseness / hyperbole / flapjaw / yapper / gossip hound / tattletale / rumor mill / Nosy Parker / bombast

[동] gossip / blab / gap / yap / chatter / tattle / prate / prattle / schmooze

[구] have a big mouth / have loose lips / chew the rag [fat] / bat [shoot] the breeze / talk a blue streak / given to [fond of] gossip

예문

Chris is **talkative** and open.
Chris는 말이 많고 숨기는 것이 없다.

When in school, Bill was known to many of his classmates as a **bigmouth [big mouth]**.
학창시절에 Bill 은 급우들에게 수다쟁이/허풍쟁이로 알려져 있었다.

Bill is such a **blabbermouth [bigmouth]**. / Bill is so **big mouthed**.
Bill은 엄청 말이 많은 사람이죠. / Bill은 엄청 허풍장이죠.

Many guys turn into a **windbag [bag of wind]** after a few drinks.
많은 남자들이 몇 잔 마시고 나면 허풍쟁이로 변한다.

Madison often **exaggerates** when talking.
Madison은 말할 때 자주 과장을 하죠.

Tony always **exaggerates** every little issue he faces. No wonder he is known as a **drama queen** among his friends.
= Tony is **hyperbolic**. / Tony is a **windbag**.
Tony는 마주치는 모든 작은 이슈들을 항상 과장해요. 친구들 간에 '드라마의 여왕'으로 알려져 있는 게 놀라운 일이 아니죠.

Chloe is a **chatterbox**.
Chloe는 (촉새처럼) 말이 많은 사람이야.

Liz is a real **bigmouth [windbag, chatterbox, motormouth]**.
Liz is really **talkative [gossipy, wordy, garrulous]**.
Liz는 정말 수다쟁이야.

Bob's a **compulsive talker**.
Bob은 떠들지 않고는 못배겨.

참고 Bob: Robert의 애칭

Audrie is a real **gossip [gossip(p)er, gossipmonger, talebearer, tattler, babbler, gabbler, telltale]**.
Audrie는 정말 남 얘기를 많이 하는 사람이야.

참고 gossip:
1: 한국인들이 가십/가쉽으로 발음하지만 정확한 발음은 [´gos·əp]으로 [가썹]으로 발음된다.
2: 뒷담화(하다), 남얘기(하다)의 명사/동사로 흔히 사용되지만 그렇게 남 이야기 하기 좋아 하는 사람이나 뒷담화를 많이 하는 사람 또한 흔히 gossip이라고 한다.
이따금씩 jabberer, chatterer, rumormonger, prattler가 쓰이기도 한다.

Susan is **talking a blue streak**.
Susan은 한창 수다를 떨고 있는 중이야.

참고 alk a blue streak: 쉴 새 없이 빠른 속도로 떠들다/잡담하다

Kathleen's quite a **busybody [Nosy Parker]**.
Kathleen은 꽤나 오지랖이 넓죠. (남의 일에 지나치게 참견하고 이야기하는 사람)

Mary Beth likes to **bat [shoot] the breeze** with guys in her class.
Mary Beth는 남자 급우들과 잡담하기를 좋아하죠.

참고 chew the rag/fat; bat/shoot the breeze: 모두 비격식 구어체로서 '특별한 요지나 목적 없이 잡담을 (길게) 늘어 놓다'의 의미임

Michael **schmoozes** easily with anybody.

마이클은 누구와도 금새 수다를 떨어.

참고 schmooze: (비격식체) 명사, 동사 둘다 쓰임

He's my go-to guy for **gabbing**.

그는 막 수다를 떨고 싶을 때 찾아가는 친구야.

참고 to-go guy: 가서 볼 [말할] 사람 [담당자, 적임자]
gab: (비격식체) 자동. 한가하게 이야기하다, 수다떨다

She has the gift of **gab**.

그녀는 정말 말솜씨가 있어.

참고 'gab'은 별 의미가 없는 가벼운 말을 지껄이다

Most politicians are just **talking the talk** all the time.

대부분의 정치인들은 항상 그냥 말만 많죠. (말대로 행동하지 않는다)

참고 talk the talk: 말만 하고 실천하지 않는다. 반대 표현: walk the walk: 걸음을 걷다 (행동으로 실천하다)

참고 허풍/뻥이 쎈, 말만 많고 행동/결과가 없는 사람을 뜻하는 비격식/속어 (slang) 표현들:
Tim's all talk (and no action).
All bark and no bite. / All bark, no bite. (멍멍 짖기만 하지 물지 못한다.)
All foam and no beer. / All foam, no beer. (거품만 있지 맥주는 없네.)
All hammer and no nail. / All hammer, no nail. (망치만 있지 못은 없군요.)
All sizzle and no steak. / All sizzle, no steak. (자글자글 고기 굽는 소리만 나지 고기는 없어요.)
All motion and no meat. (왔다갔다 만 하지 고기 (실체)는 없구만.)
All show, no go. (쇼만 있지 가지는 않네.)
All icing [frosting], no cake. (위에 달콤한 icing만 있지 케익은 없어요.)
All lime and salt, no tequila. (라임 조각과 소금은 있는데 정작 테킬라는 없군요.)
All wax and no wick. (초만 있고 심지는 없구나.)
All shot, no powder. (총소리만 나지 화약은 없네요.)
All bluff and bluster. (뻥치고 으르릉 대는 소리만 있구만.)
All bubbles, no bath. (비누 거품만 있지 목욕은 안하네.)

All booster, no payload. (북치고 장구치는 사람 (또는 가속기, 또는 도둑놈) 만 있지 돈내고 타는 사람 (또는 짐)은 없구나.)

All crown, no filling. (치아에) 씌우기만 했지 (crown) 때워 넣은 것은 (filling) 없네요.)

All mouth and (no) trousers. (온통 말과 가오만 잡고 있구나.)

참고 여기서의 trousers는 폼만 잡고 실속 없는 남성을 상징

All mouth and no trousers: 온통 말 뿐이고 진짜 남자다움은 없구나.

여기서의 trousers는 긍정적 의미의 행동하고 결과를 만드는 남성다움 (masculinity)

All hat(s) and no cattle. (모두 cowboy인 척 모자만 쓰고 있지 소들은 없구나.)

All fart [gas] (, / and) no poo [poop, shit]. (방귀만 뀌고 똥은 싸지 않는다. - 저속한 표현)

Steve passes (smelly) gas but doesn't poop. (Steve는 (냄새 나는) 방귀만 뀌지 똥을 싸지는 않아.)

Fred's real **loose-lipped**, unable to keep secrets and always **gossiping**.
Fred는 비밀을 지키지 못하고 항상 입방정을 떠는 정말 말이 많은 친구야.

After the long day at work, we all gathered at the local pub to **chew the fat [rag]** and unwind.
오랜 직장 일과를 마치고 우리는 한담도 나누고 쉬러 그 동네 술집에 모두 모였다.

형 silent / quiet / calm / mum / speechless / tight-lipped / mute / reserved / uncommunicative / taciturn / reticent

명 oyster / clam / lockbox [locked box] / radio silence (완전한 무언무답) / deep throat

구 Mum's the word. (아무에게도 말하지 말고 비밀을 지켜 달라고 요청하는 구어체 표현) / (as) quiet as a mouse / clam up (like an oyster) (입을 다물다, 말/대답하기를 거부하다) / zip up (one's mouth) / keep (a) lowkey / keep (something) lowkey / keep (something) hush-hush / (Someone's) Lips are sealed. / Cat got your tongue? (말이 없거나 대답을 하지 않는 사람에게 왜 그러냐고 묻는 구어체 표현) / play it close to the [one's] vest. (자기의 생각이나 계획을 남에게 말하지 않다) / silent as a tomb [grave]

예문

It's hard to talk to Peter. He's a **quiet [silent]** type.
Peter한테는 말 걸기가 힘들어. 말이 거의 없거든.

Jack's an **oyster** of a guy.
Jack's a **clam**.
Jack은 입을 잘 열지 않는 친구야.

참고 an oyster: 말 수가 아주 적은 사람, 비밀이나 사적인 얘기는 열지 않는 사람
Jack: Jonathan 또는 Jacob, John, Jon, Jake

People say I'm too **close-mouthed [tight-lipped]**.
사람들은 나보고 너무 입이 무겁다고 해.

Aidan has a rather **reticent [taciturn, curt]** personality, so he can be a little bit of a burden.
Aidan은 어느 정도 과묵한 성격이라 좀 부담스러울 수가 있어.

참고 reticent와 taciturn은 기본적으로 말 수가 적은, 말이 별로 없는 정도의 의미이며, taciturn은 고집을 부리거나 입을 열려고 하지 않는 비협조적인 뉘앙스를 띄기도 하며, curt는 (종종 퉁명스럽거나 무례하게 느껴지기도 하지만) 말을 짧게, 간단 명료하게 하는 성격을 나타낸다.

Clark was **taciturn** and seldom smiled.
Clark는 말이 적고 잘 웃지도 않았다.

Crosby was **reticent** and didn't reveal his feelings.
Crosby는 말이 없고 자기감정을 잘 드러내지 않았다.

Rich is a **man of few words**.
Rich는 말수가 적은 사람이에요.

> **참고** Rich: Richard의 애칭; Dick

When irritated or offended, Eddy tends to **clam up [zip his lip, mouth / keep his mouth zipped/shut]**.
짜증나거나 불쾌할 때 Eddy는 입을 다물어 버리는 경향이 있어요.

Beth was **(as) quiet as a (church) mouse**.
Beth는 거의 입을 열지 않았어요.

> **참고** Beth: Elizabeth의 애칭

Keith is **(as) silent as a grave [tomb]**.
Keith는 말이 거의 없어요.

> **참고** 무덤이나 묘비처럼, 죽은 사람처럼 말이 없다는 비유. 종종 as가 생략되며 grave나 tomb 앞에 a 대신에 the가 쓰이는 경우도 있다.

He is just like a **locked box [lockbox]**.
그는 아주 과묵한 친구야.

> **참고** lockbox [locked box]: 은행에서 빌려 주는 귀금속이나 돈을 보관하는 박스, 또는 자물쇠로 잠그는 우체국의 우편 박스처럼 남에게 이야기를 잘 열지 않는 사람 또는 성격

My boss **keeps** his personal matters **lowkey**.
내 보스는 개인적인 일들에 관해선 별로 말을 안해.

형 clean / neat / tidy / cleanly /organized / squeaky clean / smart / dapper / spruce /meticulous / shipshape (부사로도 사용) / hygiene-conscious / sanitary / spick-and-span (오점이나 먼지 하나 없이 깨끗한) / germaphobic

명 neatnik / neat [clean] freak / tidy whidy (친근하게 놀리거나 유머스러운 표현) / type A personality / germaphobe (세균 하나까지 무서워할 정도로 지나치게 청결하거나 깔끔 떠는 사람)

구 clean as a whistle / be squared away / crisp and clean / (You should keep/have) a place for everything, and everything in its place. (정리정돈의 중요성을 강조/훈육하는 표현) / (keep things) in apple-pie order / organized to a T / (have / keep) all [everything] in order

예문

I like everything to be **neat and tidy**.
나는 모든 것이 깔끔하게 잘 정돈되어 있는 게 좋다.

참고 약간의 냉소적인 의미가 담긴 neat freak이란 표현도 쓰인다.

As my wife is a **compulsive cleaner**, she keeps her surroundings immaculate.
아내는 정말 깔끔한 성격이라서 항상 주변을 아주 청결하게 유지한다.

Elena is **a stickler for cleanliness**. She can't stand it if things aren't in place [order] / in their right places [order].
Elena는 결벽증이 심해서 물건이 제 자리에 있지 않으면 참을 수가 없다.

The West Point cadets are all **crisp and clean**. All of them seem to have a **type A personality**.
West Point 생도들은 모두 말끔 깔끔하죠. 모두가 잘 정리되고 꼼꼼한 성격을 가진 듯해요.

You must be such a **neat freak**.
너 정말 유난히 깔끔하구나.

참고 freak은 괴짜, 괴물.

My girlfriend's reputation for being **squeaky clean** extends beyond her personal hygiene to the impeccable tidiness of her home, always spotless and organized.

제 여친의 깨끗 깔끔한 명성은 개인 위생을 넘어 그녀의 집 또한 언제나 흠 하나 없고 정돈된 완벽한 단정함에 이르죠.

My new assistant keeps his files and my desk organized **in apple-pie order**.

나의 새로 온 조수는 자기 파일들과 내 책상을 깔끔하게 정돈해 놓는다.

형 dirty / messy / unclean / disorderly / unorganized / disorganized / littered / slovenly / sleazy / topsy-turvy / disheveled / squalid / filthy / slobbish / unkempt / chaotic / slipshod / helter-skelter / laissez-faire

명 mess / litter / slob / sloven / hot mess / pack rat / scatterbrain / trainwreck

구 in disorder [chaos, clutter, a muddle, shambles] / clutterbug / Messy Marvin / walking disaster / all over the place / frayed around the edges

예문

The house was always **messy**.
그 집은 항상 지저분했다.

The man seems a bit of a **slob**. He doesn't clean up after himself.
그 사람은 좀 지저분한 편인 듯하다. 뒷정리를 깔끔하게 하질 못해.

Daniel is in a **muddle**. He is confused and doesn't know what to do.
Daniel은 우왕좌왕하는 성격이다. 늘 혼란스럽고 무엇을 해야할 지 모른다.

Michael, who is always **poorly organized**, might be such a **scatterbrain**.
평소 정리정돈이 잘 안되는 Michael은 상당히 어수선한 친구인 것 같아.

The professor is such a **disorganized mess**. His desk is always piled with papers and books.
그 교수님은 좀 어수선하신 분이야. 책상엔 늘 논문과 책들이 너저분하게 쌓여있어.

My son is **all over the place**, so he seldom focuses on one thing.
울 아들은 아주 어수선하여 좀처럼 한 가지 일에 몰두하지 못한다.

In spite of his mother's constant reminders, Nick remains a slob, leaving his clothes strewn across the floor and dishes unwashed for days. He's a typical **Messy Marvin**.
엄마가 항상 주의를 주는데도 불구하고, Nick은 정리정돈이 안되서 옷가지들을 바닥 이곳 저곳에 널어놓고 설거지도 며칠씩 하지 않아. 걔는 정말 지저분해.

참고 Messy Marvin: 지저분해 보이는 사람을 지칭함

1-94 의리있는, 충실한, 충직한, 충성하는

형 faithful / loyal / devoted / dedicated / allegiant / staunch / rock-solid

동 back / support / defend / advocate

구 stand by ... / stand up for ... / stick up for ... / stick one's neck out for ... / ride or die (with ...) / true blue [true-blue] / right-hand man [woman] / have someone's back / in someone's corner / be down for ... / team player / loyal as a dog / ride [be on] the same wavelength / be thick as thieves / ride the same train [boat, bus, rollercoaster] / ride shotgun (for ..)

예문

Flynn remained **faithful** to the ideals of the party.
Flynn은 계속 당의 이상에 충실했다.

Ford is a **devoted** family man
Ford는 헌신적일 정도로 가정적인 남자야.

Ellen has always remained **loyal** to her political principles.
Ellen은 자신의 정치적 원칙에 항상 변함없이 충실해 왔다.

Our boss often **sticks his neck out** for his people.
우리 보스는 종종 자기 직원들을 위해 위험을 감수해요 [지켜 줍니다].

참고 stick one's neck out: 위험을 감수하다, 희생을 무릅쓰다. 자기 이익을 위해 그런 경우도 있지만 다른 사람을 변호하거나 옹호할 때, 의리 있게 행동할 때도도 자주 사용된다.

Seen from today's feminist perspective, the country song '**Stand by Your Man**' is such a conservative song looking down on women.
오늘날의 페미니스트적 관점에서 보면 컨트리 송 'Stand by Your Man'은 (남자의 행실이 올바르지 않고 당신을 제대로 대우하지 않을 때도 당신의 남자를 지켜라/옹호하라는) 여성의 존엄을 비하하는 매우 보수적인 노래이다.

[사진] 1969년에 처음 출시된 Tammy Wynette의 'Stand by Your Man' LP 앨범 재킷. 미국 country 음악의 대 히트 이정표이면서 곧 다가오는 새로운 페미니즘 세대의 country 음악에 세대 교체가 되었다. © Epic Records/Sony Music

Today, there aren't many women who would **stand [stick] up for** their men even when they misbehave. And that's the way it should be.
오늘날 자기 남자가 올바르게 행동하지 않을 때조차 그를 옹호할 여자들은 많지않죠. 그리고 또 그래야 마땅하죠.

You know what a true homie is? They **ride or die** with you.
진짜 고향 친구가 뭔지 알아? 의리가 있다는 거야.

Quite a few radically conservative youths are ready to **ride shotgun** for Donald Trump.
상당수의 과격한 보수 청년들이 Donald Trump를 (목숨을 걸고) 지키려고 하죠.

형 clever / sly / ungrateful / unfaithful / shrewd / cunning / crafty / opportunistic / two-timing / deceptive / unthankful / double-crossing [dealing] / disloyal / two-faced / treacherous / traitorous

명 betrayal / backstabbing / betrayer / opportunist / user / traitor / cheat / deceiver / double-crosser / sellout / turncoat / backstabber / frenemy / rat / Judas

동 betray / show ingratitude / break faith [trust] / dupe / double-deal / two-time / double-cross (someone)

구 cheat on (someone) / stab [knife] (someone) in the back / take advantage of / bite (off) the hand that feeds you / walk out on (someone) / stitch (someone) up / play (someone) false / sell (someone) down the river / inform [rat, pimp] on (someone) / snake in the grass / fair-weather friend [ally, comrade] / straddle [sit on] the fence

예문

I heard Monica went to the other company with important information about our company. I knew she was **shrewd** from the beginning.
Monica가 우리 회사의 중요 정보를 가지고 타 회사로 옮겼다고 들었어. 그녀가 약삭빠르다는 것을 처음부터 알아봤어.

Esther used low **cunning** to get what she wanted.
Esther는 자기가 원하는 것을 얻기 위해 저급한 간계를 썼다.

You should not **take advantage of** your friends.
친구를 이용해서는 안되죠.

I didn't believe Grey would dare to **stab in the back**.
나는 Grey가 감히 배신하리라고는 믿지 않았다.

Franco looked **sly and furtive**.
Franco는 교활하고 음흉해 보였다.

Never **bite (off) the hand that feeds you**.
절대로 너에게 밥을 먹여 주는 손을 물어뜯어서는 안된다. (배은망덕 해서는 안된다.)

You should never **sell your friends down the river / play your friends false**.
결코 친구를 배신해서는 안 됩니다.

In the movie Godfather, the Mafia boss takes revenge on his men who **pimped [ratted] on his organization**.
영화 Godfather (대부)에서 그 마피아 보스는 자기 조직을 판 (자기 조직의 정보를 상대편에 넘겨 준) 부하들에게 복수한다.

In the world of politics, you have to watch out for the hidden agendas and the **snakes in the grass** who are waiting to strike.
정치 세계에서는 감춰진 계획들과 (뒤를) 치기 위해 기다리고 있는 풀 속의 뱀 같은 자들을 조심해야 해.

형 flexible / compromising / peace-making / accommodating / cooperative / collaborative / conciliatory / eclectic / diplomatic

명 collaborator / peacemaker / compromiser / negotiator / mitigator / go-between / mediator / arbitrator / arbiter / deal maker / middle-of-the-roaders / smooth operator

구 meet halfway / be in the middle ground / play [be] Switzerland / scratch each other's back / give and take / strike a balance [compromise] / make concessions / I'll give you an inch, you give me an inch.

예문

As a **middle-of-the-roader** in the office, the manager is really good at **mediating** between opposing viewpoints to reach a consensus.
회사에서 중도적인 사람으로 그 매니저는 서로 반대하는 관점들 사이에 합의에 이르도록 중재를 하는데 아주 능합니다.

In negotiations, it's often wise to **play Switzerland**, maintaining a neutral stance to facilitate productive discussions between conflicting parties.
협상에 있어서는 상충하는 양 측 사이에서 생산적인 논의를 촉진하기 위해선 중립적인 입장을 유지하면서 (중립국인) 스위스 같은 역할을 하는 것이 종종 현명합니다.

Bill is a **compromising** type by nature. He understands that in negotiations, you have to **give an inch to take an inch** in return.
Bill은 천성적으로 타협하는 사람입니다. 협상에서는 하나를 얻기 위해서는 하나를 줘야 한다는 것을 아는 거죠.

형 brave / courageous / bold / manly / daring / decisive / fearless / audacious / vigorous / gutsy / plucky / gritty / undaunted / gallant / lionhearted / dashing / plucky / dauntless / stout-hearted / intrepid

명 bravery / courage / boldness / braveness / guts / audacity / nerve / grit / stomach / pluck / moxie / mettle / gumption / valor / balls (비속어)

동 brave (out) / confront / stomach

구 take the bull by the horns / go for broke / give it your all / go all out / take heart / bite the bullet / throw caution to the wind / stand tall / show one's mettle [balls] / jump in with both feet / dive in headfirst / put your neck on the line / run [take up] the gauntlet [glove] / throw down the gauntlet [glove] / take the plunge / throw one's hat in the ring / keep one's chin up / chin up

예문

Hi, you should take it **like a man**.
이보게, 당당하게 받아들이게나.

Let's give Harry a little **pep talk**.
Harry에게 용기를 북돋워 주자.

참고 pep talk: 격려, 용기, 또는 활력 (pep)을 불어 넣는 말

I haven't had the **heart** to tell him yet.
지금껏 그놈에게 말할 마음이 (용기가) 없었어.

Johnny could **take heart** in the fact that many friends wanted to help him.
Johnny는 여러 동료들의 손길에 용기백배할 수 있었다.

Joe is a man of **(strong) nerves**./ Joe has **nerves of steel**.
Joe는 배짱있는 놈이야.

Keep your chin up and look about where you are.
용기를 잃지말고 자신이 처한 상황을 둘러 봐.

You need to **get up your nerve / muster (up) (all) your courage**.
용기를 내어야 해!

Jake has lots of **moxie**.

Jake는 뱃짱이 참 좋아.

참고 moxie: (slang) courage, determination (용기, 결단력)

Jimmy doesn't have either brains or **balls**.

Jimmy는 두뇌도 배짱도 없는 녀석이야.

참고 배짱이나 용기를 뜻하는 balls는 잘 모르는 사람에게나 점잖은 자리에서는 사용을 피하는 것이 좋다.

To cope with this crisis I'll **take the bull by the horns**.

난 정면돌파로 위기를 극복하기로 했어.

참고 ake the bull by the horns: 황소의 뿔을 잡다. 비유적으로 어려운 상황 속에 용기를 발휘하다/ 주도권을 잡다.

Jay doesn't **have the guts [gumption, stomach]** to do it.

Jay는 그걸 할 수 있는 배짱이 없어.

In 1804-06, Meriwether Lewis and William Clark **had the courage [guts]** to explore the American West.

1804-06년에 Meriwether Lewis와 William Clark은 미국 서부를 탐험할 용기가 있었다.

참고 the Lewis and Clark Expedition: 1803년에 미국 Thomas Jefferson 대통령이 Meriwether Lewis와 William Clark을 통해 보낸 미국 북서부 탐험 원정대

[지도] Thomas Jefferson 대통령의 지시에 따라 미국 서부를 탐험한 Lewis and Clark Expedition 원정(대) (1804-1806). 이 지도에서 회색과 핑크의 광대한 대륙 지역이다.

To enter the debate club, you've got to **run [take up] the gauntlet** of tough questions and criticisms from seasoned debaters.

그 토론 클럽에 들어가려면 노련한 토론자들로부터의 터프한 질문들과 비판을 대담히 견뎌내야 하죠.

형 cowardly / timid / weak / wimpy / sissy / spineless / gutless / faint(-)hearted / yellow-bellied / chickenshit / wussy / chicken-headed (극히 소심한) / dastardly / craven

명 [사람] coward / chicken / faint(-)heart / weakling / wimp / milquetoast / wuss / craven / fraidy-cat / scaredy-cat / pansy (모욕적; 동성애자를 비하하는 뜻으로도 사용) / dastard (비겁하게 숨어서/몰래 못된 일을 하는 사람) / wallflower (수줍음이 많고 사회적 활동이나 참가에 소극적인 사람)

동 lose one's nerve [courage] / chicken out / get cold feet / bail (out) / flake (out) / wuss (out) / punk (out) / bottle it

예문

The guy is such a **chicken**.
그 녀석은 정말 소심한 친구야.

Kenny despised himself for being so **cowardly**.
Kenny는 그처럼 소심한 자신이 경멸스러웠다.

Kane stopped in the doorway, too **timid** to go in.
Kane은 문간에서 멈춰 섰다. 너무 용기가 없어서 들어가지는 못하고.

Leon's so **narrow-minded** that he won't tolerate it.
Leon은 밴댕이 소갈머리라서 그걸 봐주지 않을 것이다.

Boys hate to be called **chickenshit** or a **wimp**.
소년들은 겁장이라고 불리는 것을 아주 싫어하죠.

Boys hate to be called (a) **chicken** since it means **timid** or a **coward**.
소년들은 chicken이라고 불리는 걸 아주 싫어하죠. 소심하다거나 겁장이라는 뜻이니까요.

Jake bragged a lot about his bungee jumping experiences. But when there was a good chance at a spot with a fantastic view during his camping trip with his buddies, he actually **chickened [wussed, wimped] out**.
Jake은 자기의 번지 점핑 경험담을 엄청 자랑했었는데요. 친구들과 간 캠핑 여행 중에 멋진 뷰가 있는 지점에서 좋은 기회가 있었을 때 실은 소심하게 빠졌습니다.

Hey, Kev. You're backing out of our camping trip just because you are scared of bugs? Come on, don't be such a **wimp**.
Kev야, 벌레가 무섭다는 이유 때문에 우리의 캠핑 여행에서 빠지겠다구? 자, 그런 겁쟁이 되지 말구.

Juan seems to be a bit of a **scaredy-cat**.
Juan은 약간 겁쟁이 인듯 해요.

> 참고 a scaredy-cat / fraidy-cat: [명] (비격식) 소심하고 쉽게 겁먹는 사람. 주로 아이들 간에 자주 사용된다.

Who's the idiot who handled everything in a **yellow-bellied** manner?
일마다 멍청하게 처리하는 바보가 누구인거야?

1-99 초조한, 좌불안석의, 안절부절 못하는, 노심초사의, 조마조마한

- 형 anxious / nervous / shaky / jittery / fidgety / antsy
- 명 anxiety / anxiousness / nervousness / jitters / fidget / nervous Nelly
- 동 fidget / shift (in one's chair)
- 구 be in the jitters / be psyched up / get the jitters / (be) (all) wound up / in a fidget / on tenterhooks / on edge / have ants in one's pants / get [have] cold feet / get [have] butterflies in one's stomach / on pins and needles / in the doghouse / on thin ice

예문

What's keeping you **on edge** these days?
왜 요즘 들어 안절부절 못하시나요?

> 참고 on edge: 긴장, 초조 또는 불안 상태에 있는 (in a tense, irritable, or nervous state)

I've been **worried sick**!
얼마나 걱정을 했다고요!

These days I'm **(skating, walking) on thin ice** with my boss.
요즘 전 제 보스에 관해서라면 살얼음을 밟고 있는 기분이에요.

How come Mack's **on tenterhooks** like that?

Mack이 어떻게 해서 저렇게 긴장을 하고 있죠?

참고 be on tenterhooks: 긴장이나 조바심으로 안절부절 못하는 상태에 있는

While Michele's score was being processed, the gymnast waited **on tenterhooks**.

Michele의 점수가 집계되는 동안 그 체조선수는 숨을 죽이며 결과를 기다렸다.

The final seconds of the championship game left the entire stadium **in jitters**, waiting to see if their team would clinch the victory.

그 결승전이 끝나가면서 전 스타디움 (관중들)이 자기들 팀이 승리를 거머쥘 지 보기를 기다리면서 긴장과 초조의 도가니로 몰아 넣었다.

I'm not going to **lose any sleep over it**!

그 일은 걱정하지 않을 거예요!

What's eating you?

뭔 골칫거리라도 있니? (=What's bothering [bugging] you? or Anything bothering [bugging] you?)

Eva **had ants in her pants**.

Eva는 안절부절했다.

I wonder if Debbie's **got cold feet**.

Debbie가 불안해하는 건 아닌가 몰라요.

Clara **had [got] butterflies in her stomach** the night before she married.

Clara는 결혼 전날 밤 가슴이 너무 떨렸었다.

Don't give him **agita**.

그를 동요시키지마.

참고 agita ['ædʒ ɪ tə]: agitation, anxiety: 마음의 동요, 불안, 초조

Steven appears to be **all nerves**.

Steven은 너무 과민한 듯해.

Nancy's a **nervous Nellie**.

Nancy는 정말 겁이 많아.

참고 안절부절하거나 노심초사하는 모습을 자주 보이는 사람을 묘사하는 표현. 여성에게만 사용함

I was **a bundle of nerves** at that time.
당시에 정말 노심초사했어.

You are really **biting your nails**.
당신 정말 안절부절 못하는구려.

I was **on pins and needles**.
난 줄곧 가시방석에 앉아 있었어.

I waited for the final decision, **holding my breath**.
전 숨을 죽인 채 최종 결정을 기다렸습니다.

He couldn't help but **shift in his chair** as the meeting dragged on.
그 회의가 계속되면서 그는 안절부절하지 않을 수가 없었다.

Randy was **in the doghouse** after he missed the kick.
Randy는 실축한 후 가시방석에 앉아 있는 기분이었다.

> **참고** in the doghouse: (특히 가깝거나 애정 또는 신뢰하는 사이에 실수해서 일시적으로)
> 곤란한 상황에 있는, 죽을 맛인

The film kept me **on the edge (of my seat)** from start to finish.
그 영화를 보는 내내 난 시종일관 좌불안석이었다.

I **get the jitters [get (all) wound up; get fidgety [jittery]]** every
time I have to give a speech before an audience.
나는 청중 앞에서 연설을 해야 할 때는 언제나 초조 불안해진다.

I was all **psyched up** to do well on the interview.
나는 인터뷰를 잘 하기위해 잔뜩 신경을 곤두세우고 있었다.

Right before the wedding, some young people **get cold feet** and
wonder if they are really ready for such a commitment.
결혼식 직전에 일부 젊은이들은 불안해 하면서 자기가 정말로 그렇게 마음을 바칠 준비가 정말
로 되어 있는지 의구심을 갖는다.

> **참고** (get) cold feet: 전에는 큰 관심이나 열정으로 하고자 했지만 막상 일이 닥쳤을 때 갑자기
> 확신이나 용기를 잃고 두려움을 느끼거나 주저하게 될 때를 뜻한다.

형 afraid / scared / frightened / jumpy / daunted / spooked / shaky / quivery / yellow-bellied / timorous / lily-livered / overwhelmed

명 chicken / wimp / scaredy-cat / fraidy-cat

동 fear / dread / shake / shiver / quake

구 bundle of nerves / cat on a hot tin roof / worried wart / frightened rabbit / scared witless (scare someone witless) / funky chicken / chicken out

---

예문

The girl was so **frightened** that she couldn't move a muscle.
소녀는 너무 주눅이 들어 꼼짝달싹도 할 수 없었다.

Sam is **a bundle of nerves**.
Sam은 잔뜩 쫄고 있어.

참고 be a bundle of nerves: 불안, 초조, 두려움 등에 압도되어 있을 때의 표현

After the earthquake, people were **quaking in their boots**.
지진 발생 후, 사람들은 잔뜩 겁을 먹고 있었습니다.

참고 quake [shake] in one's boots / quake [shake] like a leaf: (공포감으로) 잔뜩 겁을 먹다

Many students **are like cats on a hot tin roof** right before the exam, cramming as much knowledge and information as possible.
많은 학생들이 시험 직전에 불안해 하면서 최대한 많은 지식과 정보를 벼락치기로 주입한다.

참고 be [feel / be like] a cat on a hot tin roof: 안 좋은 소식이나 조짐이 있어 불안감이나 초조함을 느낄 때의 표현

Emily so often dwells on the smallest details and constantly anticipates potential problems. What a **worried wart**.
Emily는 너무도 자주 사소한 세부 사항들 생각에 몰두해서 잠재적인 문제들을 벌어질 걸로 생각하잖아. 걱정이 태산인 애야

1-101 실망한, 상심한, 풀이 죽은, 기가 죽은, 의기소침한

형 sad / discouraged / low / down / disappointed / depressed / frustrated / downcast / disheartened / dispirited / down-hearted / chapfallen / low-spirited / gutted / crestfallen / dejected / despondent

구 lose heart / with a heavy heart / down in the mouth / (down) in the dumps / low in spirits / in the doldrums / be [feel, get] bummed out / in a funk / on a downer / laugh out of the other side [on the wrong side] of one's mouth [face] (실망하게 되거나 슬픈 상황에 처하게 되다)

예문

My **heart sank** when I heard I still had to go three thousand more miles.
아직도 3천마일을 더 가야한다는 애기를 듣고 기운이 착 가라앉았어.

I don't intend to **let [put] you down**, but we don't have any opening at the moment.
실망시켜드리고 싶지 않지만 지금은 빈 자리가 없네요.

Since he's been **down in the dumps** lately, I want to cheer him up.
그가 최근에 아주 우울해 보여 기쁘게 해주고 싶다. (= down in the mouth)

You missed the Olympic gold medal this time, but don't let it **get you down**.
이번에 올림픽 금메달을 놓쳤지만 실망하지마.

Don't **be hard on yourself**.
너무 자책하지마.

참고 Don't be hard on yourself. = (Try to) be kind or more forgiving to yourself. Don't be too strict to yourself.

Tyler was forced to quit his job **with his tail between his legs**.
Tyler는 아주 낙담하면서 직장을 그만둬야 했다.

참고 with one's tail between one's legs: dejected; ashamed; (패배하거나 잘못이 드러나서) 풀이 죽은, 수치스러운

After Jill lost her favorable election, she **laughed out of the other side of his mouth**.

유리하던 선거에서 패배 후, Jill은 갑자기 아주 의기소침해졌다.

> **참고** laugh out of the other side of one's mouth [face]; laugh on the wrong side of one's mouth [face]: (신나거나 흐뭇하던 기분으로부터) 실망하거나 슬프거나 짜증나는 기분이 되다

Losing the championship match left the entire team **gutted** and **low in spirits**. Their months of hard work and dedication seemed for naught.

그 챔피언쉽 게임을 지고 나서 그 팀 전체는 박탈감과 의기소침에 빠졌다. 수 개월 동안의 힘든 노력과 전념이 아무 것도 아닌 듯했다.

1-102　절망한, 좌절한, 자포자기의, 체념한, 희망이 없는

형 hopeless / desperate / suicidal / (be) resigned (to ...)

동 despair

구 in despair / in the pits / at the end of one's rope / be [feel] cast down / down and out / hit rock bottom / climb the walls / One's [Someone's] spirits are in the basement. / resign oneself (to ...)

예문

We all had a **heavy heart** when we knew our company would shut down soon because of financial pressure.
자금압박때문에 회사가 곧 문을 닫아야 한다는 사실을 깨닫고 모두 억하심정이었다.

I **lost heart** when I failed the college entrance exam again.
대학입시에 다시 낙방하고선 아주 낙심했었어.

The political candidate **was resigned to** the fact that he had lost the election.
그 정치 후보자는 자기가 선거에서 패배한 사실을 체념하고 받아들였다.

Peter **broke down** when his mother died.
어머니가 숨졌을 때, 피터는 크게 낙심했다.

Tony **climbed the walls** when he was fired.
직장을 잃었을 때, Tony는 좌절했다.

참고 climb the walls: [walls: 복수에 주의] show extreme frustration, anxiety, or impatience; 극도의 좌절감, 불안, 초조함을 보이다.

Jenny had been caring for her baby and sick parents while also juggling a demanding job, and finally she was **at the end of her rope**. She felt utterly **down and out** from the constant stress and exhaustion.
Jenny는 어려운 직업을 이렇게 저렇게 해 나가면서 아기랑 아픈 두 부모님을 돌보고 오면서 마침내 희망이 보이지 않았다. 그 끊임 없는 스트레스와 과로로 완전히 좌절한 느낌이었다.

형 nerdy / geeky / inflexible / stiff / straight-laced [strait-laced] / prim / wonkish / dweebish / prudish / priggish / buttoned-up / starchy

명 (regular) square / nerd / geek / wonk / egghead / dweeb / stick-in-the-mud / killjoy / square-toes / box-checker / Poindexter / prude / prig / fogy [fogey, old fogy, Fogey]

구 boy scout / (go) by the (text)book / (be) stuck in a rut

예문

Peter is a **boy scout**.
피터는 순진한 범생이야.

Is Dylan the **nerd [geek]** we met in our PE class today?
Dylan이 오늘 체육시간에 봤던 그 샌님인가?

A technology **wonk**, Steve knows all the newest gizmos, but he's very clumsy in dealing with people.
Steve는 기술밖에 모르는 놈이라 새로 나온 기기들은 모두 아는데 사람들 다루는 데는 무척 서툴지.

He's actually a **nerd**.
사실 그는 좀 찌질한 녀석이예요.

Alexander must be **as green as they come**. He doesn't know how to approach women at all.
Alexander는 아주 샌님인게 틀림없어. 여자에게 어떻게 다가가야하는 지 전혀 몰라.

참고 (as) green as they come: [주목: 단수 주어에 관해서도 복수 대명사 they를 사용]: inexperienced; 경험이 없는; (어떤 상황이나 일에) 신참인

Colleagues disliked the **inflexible** box-checker.
동료들은 융통성 없고 규칙에 몹시 엄격한 그를 싫어했다

My daughter knows better than to marry a **regular square**.
제 딸은 범생이 같은 녀석과 결혼하지 않아요.

It seemed that Raymond was **stuck in a rut [groove]**.
Raymond은 너무 틀에 박혀있는 것 같았다.

David, who was a **buttoned-up**, hardworking student in high school and college, is now working in a **starchy** and rigid work atmosphere at a top-notch law firm.

고등학교와 대학 때 복장이 단정하고 (단추를 맨 위까지 다 채운 모습) 열심히 공부하던 학생이었던 David는 이제는 최고의 법률 회사에서 격식을 차리고 (셔츠를 전분을 입혀 빳빳히 다린 모습) 엄격한 근무 분위기에서 일하고 있다.

As a veteran police officer, Jack is known for his **square-toes** approach to law enforcement. He always prefers to **go by the book** rather than to take risks.

베테랑 경찰관으로서 Jack은 법집행에 대한 모범적인 접근 방식으로 잘 알려져 있습니다. 위험 부담을 초래하느니 차라리 항상 법대로 (교과서적으로) 처리하길 좋아하죠.

1-104 총명한, 현명한, 지혜로운, 통찰력 있는, 분별력 있는

형 wise / insightful / smart / bright / brilliant / intelligent / savvy / clear-eyed [sighted] / long-headed / sharp-witted / perceptive / farseeing / brainy / clear-sighted / farsighted / quick-minded / discerning / clairvoyant / sagacious / level [cool, clear]-headed / penetrative / judicious

명 smarty / smarts (복수형: intelligence, knowhow) / wise guy / smarty-pants / brainiac / smart ass / smart-alec(k) / wiseacre / mental acuity

구 (as) bright as a button / (as) smart as a whip / (as) sharp as a tack [razor] / (as) wise as Solomon / (as) wise as an owl / whiz kid / quick on the uptake [draw] / sharp [smart] cookie / quick mind / bright spark / clever Dick / mentally acute / have a good head on one's shoulders / quick study [learner, adapter]

참고 smart ass, smarty-pants, smart-alec(k), wise guy, clever Dick은 종종 빈정거리는 뉘앙스로 사용된다.

예문

Susan is a very **bright** and **intelligent** woman who knows her mind.
Susan은 자신의 마음을 잘 아는 총명한 여자이다.

Jane is a **quick study**.
Jane은 빨리 배우는 재주가 있어.

Eric Forth was funny and **sharp-witted [quick-minded]**.
Eric Forth는 재미있고 예리했다.

Unlike me, my elder brother is **(as) wise as an owl**.
나와는 달리 우리 형은 참 현명하다.

Benjamin Franklin had a great genius and made **sagacious** discoveries in science.
Benjamin Franklin 은 천재성을 가지고 있었고 과학상의 현명한 발견을 많이 했다.

[사진] The American Revolution (미국 독립혁명) 시대의 정치인, 사상가, 외교관, 과학자, 발명가 등 다재다능 했던 Founding Fathers (미국 건국 아버지들)의 한 주요 인물 Benjamin Franklin (1706-90)의 초상화 (portrait). 원작: Joseph Duplessis (ca. 1785), 사진제공: National Portrait Gallery.

Judy is **as sharp [keen] as a tack [razor]**.
Judy는 아주 두뇌회전이 빠르고 총명한 사람이다.

Despite her age, Grandma's mind is still **(as) sharp as a tack**; she remembers every detail of her childhood.
높은 연세에도 불구하고 할머니는 아직도 총명하세요. 어린 시절의 모든 작은 일까지 기억하세요.

You pretend to be all right with me, but I can **see through** you.
나에게 아무런 감정이 없는 체 하지만, 난 네 속을 다 꿰뚫고 있어.

Peter **has a keen insight** into world history.
Peter는 세계사에 아주 뛰어날 통찰력이 있다.

Audrey **has a sharp eye** for fashion. (= a sharp mind when it comes to fashion)
Audrey는 아주 예리한 패션감각이 있다.

Most youngsters growing up in impoverished center cities are left to pick up a lot of **street-smarts** instead of **book-smarts**.
가난한 도심에서 자라는 대부분의 아이들은 책 지식 대신에 (어렵고 거친 환경에서 터득한) 실전 노하우를 배우도록 내버려져 있다.

Drop a hint, and he will understand everything.
그 친구는 하나를 익히면 열을 깨우치는 자라구.

Arian must **have eyes in the back of his head**.
Arian은 머리 뒤에도 눈이 붙었나 싶을 정도로 총명한 [관찰력이 뛰어난] 친구야.

John is **quick on the uptake**.
John은 아주 총명한 친구야.

Nick had a witty remark ready for every lesson. Then, one day, the teacher scolded the **smart-aleck** for interrupting the class. Then, guess what, the whole classroom erupted in laughter.
Nick은 모든 수업에 재치 있는 말을 준비해 놓고 있었죠. 그러다가 어느 날, 선생님이 그 똑똑이를 수업 방해로 혼을 내셨어요. 그러자, 무슨 일이 있었겠어요, 전 교실이 폭소로 터질 듯했죠.

1-105 바보 같은, 멍청한, 어리석은, 우둔한, 얼빠진

[형] dumb / foolish / stupid / silly / dummy / dull / ridiculous / absurd / nonsensical / dense / bone [thick, empty, block]-headed / thick-skulled / slow-witted / clueless / dizzy / fatuous / (비격식체) / ditzy / dippy / airheaded / cray-cray / dope / half-witted / muttonheaded / inane

[명] fool / idiot / moron / jerk / blockhead / dimwit / doofus / sap / dodo / dolt / dunce-head / dickhead / dummy / dumb ass / bonehead / thickhead / ditz / cuckoo / knucklehead / airhead / bonehead / birdbrain / chump / nincompoop / simpleton / dimwit / dumbbell / doofus / muttonhead / dolt / dingbat / numbskull / half-wit / klutz

[주의] silly, dippy, cray-cray, silly goose는 비격식체로 친근감을 나타내거나 유머스러운 어감으로도 자주 사용된다.

[구] space cadet / silly goose / loony [loonie] / nutty as a fruitcake / out to lunch / foolish as a goose / dumb as a rock / two bricks short of a load / thick as two short planks (영국) / not the sharpest tool in the shed

Baker blamed himself for being so **stupid**.

Baker는 그처럼 어리석었던 것을 자책했다.

Sometimes you are being **silly**.

넌 가끔 엉뚱할 때가 있어.

참고 가까운 상대가 엉뚱하게 굴 때 가벼운 느낌으로 쓰는 표현이다.

I was **foolish** enough to believe what Jeff told me.

나는 어리석게도 제프가 내게 한 말을 믿었다.

Fernando is **brain-dead**.

Fernando의 두뇌는 완전 깡통이야.

Phil is such a **bonehead**.

Phil은 완전히 쑥맥이야. 도대체 녀석에게 하는 말뜻을 알아먹질 못하니.

What's that **doofus** doing over there?

저 머저리 친구 거기서 뭘하는거지?

Everyone thought he was **mutton-headed [knuckle-headed]**, but they were wrong.

모두가 그를 아주 어리석은 인간으로 보았는데 그렇지 않았다.

It's very hard to teach physics to Donald, who is a real **know-nothing**.

일자무식의 Donald에게 물리를 가르키는 일은 정말 어려웠다.

I think Ben might be **(as) thick as short planks**.

내 생각에 Ben은 띨띨한 친구같아.

참고 plank: (Br E) a stupid person: '멍청한' 느낌을 내포하고 있는 좀 경멸적인 표현이다.

Milan is such a **silly goose**.

Milan은 푼수이면서도 귀여운 녀석이야.

참고 silly goose: 푼수 같은 사람인데 주로 귀여워서 또는 선의로 놀릴려고 affectionately or playfully 사용

Juan is **not playing with a full deck of cards**.

Juan 그 친구는 머리가 잘 안 돌아가거든.

I met that **goofy-looking** guy somewhere.

어벙해 보이는 저 친구 전에 어디서 봤는데.

If you sell the store, it seems to **kill the goose that lays the golden egg**.

그 가게를 판다면 황금알 낳는 거위를 죽이는 꼴이돼.

Lucca must be **a screw loose**.

Lucca는 나사빠진 사람인게 분명해.

Oh, my! John really **put his foot in his mouth**.

저런! 존은 정말 (두고두고 후회하게 될) 멍청한 말을 했어.

> **참고** put one's foot in one's mouth: 뜻하지 않게 부적절한 말을 하다

Maurice **does not know enough to come out in [into] the rain**.

Maurice 그 인간 정말 얼빠진 친구야.

Sometimes, my girlfriend makes me **off my rocker**.

내 여친은 가끔 나를 완전히 멍청이로 만들어. (= off my nut; off my trolley)

The dumbbell still believes the conspiracy theory? It has never existed in the first place! Whatever you say, he seems to be **two bricks short of a load**.

그 띨띨한 녀석, 아직도 그 음모설을 믿어? 애당초 존재해 본적이 없는데도. 무슨 얘길 해도 그 녀석은 벽돌 두 장이 모자라는 듯해.

형 manageable / easy-to-handle / gullible / credulous / numpty (영국 비격식)

명 idiot / knucklehead / airhead / easy mark [prey] / pushover / sucker / dupe / patsy / dumbass / dumbbell / dumb bunny /chump / sap / gull / muppet (영국 slang)

동 deceive / trick / cheat / cook (요리하다, 갖고 놀다, 속이다) / dupe / gull

구 easy to handle [cook, manipulate, deceive, trick, dupe, gull] / easily handled [cooked, manipulated, deceived, tricked, duped, gulled] / easy [soft] touch / sitting duck / fair game / fall guy / born yesterday / do someone in (상황에 따라 kill을 뜻하는 경우도 있음)

참고 여기서의 prey와 game (사냥감)은 물질명사여서 앞에 a를 붙이거나 복수형 -s를 사용하지 않는다.

예문

Some of my coworkers are so **gullible**.
내 동료들 중 몇몇은 잘 속아 넘어가.

The naïve girl is a type of **duck soup**.
그 순진한 여자애는 아주 쉽게 넘어가는 유형이야.

참고 duck soup: 아주 쉬운 일, 누워서 떡 먹기, 식은 죽 먹기

I am a **sucker** for sweet talk.
나는 감언이설[=작업]에 약한 인간이야.

참고 ~에 잘 속아넘어가다: a sucker for ...

Albert is such a **sucker** who can't reject requests from others.
Albert는 다른 이들의 요청들을 거절할 줄 모르는 호구이다.

You think you are street-smart? So you'll never be **duped** by anyone? The truth is, even the most knowledgeable and experienced people are sometimes so **gullible** and become **suckers** for sweet talk.
실생활 경험이 많으시다구요? 그래서 아무한테도 절대로 안 속으실 거구요? 실제로는요 가장 많이 알고 경험이 많은 사람들조차 때로는 아주 속기 쉬워서 달콤한 말에 속아 넘어가죠.

Robert is a tough negotiator, not a **pushover**.
Robert는 잘 속아넘어가지 않는, 까다로운 협상가이다.

She felt like a **dumb bunny** for having been swayed so easily by the glib-tongued competitor. She was a **dumbbell** every inch indeed.
그녀는 그 언변이 능한 경쟁자한테 그렇게 쉽게 조종당하다니 (자신이) 호구처럼 느껴졌다. 그녀는 어느 모로 보나 정말로 멍청이였다.

I was not **born yesterday**.
난 그렇게 풋내기 바보가 아니야.

Sara is an **easy mark [touch]**.
Sara는 남에게 너무 잘 속아.

Don't take me for **easy prey [fair game]**.
나를 만만하게 보지 마라.

> **참고** prey와 game은 불가산/물질명사여서 단수라도 앞에 a를, 복수라도 -s를 사용하지 않고, 단수 복수 모두 항상 prey로 표현한다.

Sean seems to be kind of a **soft [easy] touch**.
Sean은 꽤나 만만한 사람같아.

In the movie 'Legally Blonde' (2001), a glamorous female college student [coed] often becomes **fair game** for teasing and ridicule by male students. In the end, however, she proves she has much more than just her looks.
영화 Legally Blonde에서는 한 글래머한 여대생이 종종 남학생들의 놀림과 비웃음의 표적이 된다. 그러나 끝내는 그 여학생은 자기가 외모 말고도 훨씬 더 많은 것을 가지고 있음을 입증한다.

The auto mechanic saw naive women customers as **dupes** and **cooked** them up easily, fixing or replacing unnecessary parts and charging enormous prices.
그 자동차 수리공은 순진한 여성 손님들을 호구로 보고 불필요한 부품들을 고치거나 교체하고 엄청난 가격을 청구하면서 쉽사리 요리했다.

형 forgetful / absent-minded / absent / oblivious / scatter-brained / ditzy / spacey / zoned out / dopey / woolly-headed / vacant-eyed / brain-fried / numb-minded

부 absently / absent-mindedly / blankly

명 space cadet / airhead / scatterbrain

구 (totally) blanked / had a brain fart / not there / draw a blank / space out / have a senior moment / have a mental block / zone out / absent-minded professor / have a memory like a goldfish [sieve, Swiss cheese] / gone with the fairies / not firing on all cylinders / not playing with a full deck / It went in one ear and out the other. / It completely escaped me. / My mind went blank. / be (off) in La-La Land [la la land] (자기만의 생각에 몰입해서 반응하지 않거나 느릴 때: off in his [her, their] own world)

예문

Cathy has become very **forgetful** in recent years.
Cathy가 최근 몇 년 동안에 건망증이 아주 심해졌다.

My mom seems **absent-minded** lately.
아마도 최근에 엄마에게 건망증세가 있는 듯싶어.

Beckham was sitting in the chair **absent-mindedly**.
Beckham은 그 의자에 멍하니 앉아 있었다.

Bill looked **blankly** at the sight.
Bill은 그 장면을 멍하니 바라보았다.

Sarah has a **memory like a goldfish [a sieve, Swiss cheese]**. She even forgets her own birthday almost every year.
Sarah의 건망증은 알아줘야해. 거의 매년 본인의 생일도 잊어버리곤 해.

It **slipped my mind**.
깜빡 잊어버렸어요.

Martin is **lost in thought** during math class from time to time.
Martin은 수학시간이 되면 때때로 다른 생각에 몰입한다.

Recently, my mind often **comes off and on [on and off]**.
최근에 내 정신이 자주 오락가락하네.

Whenever we play trivia games, Ed always forgets the answers; he's a total **space cadet** with a memory like **Swiss cheese**.
우리가 (잡동사니) 알아맞추기를 할때면 Ed는 항상 답을 까먹어요. 기억력이라고는 스위스 치즈 같은 (구멍/빈틈이 많은) 완전 우주 사관생도 (생각이 딴 세상 가 있는 사람)이죠.

After pulling an all-nighter to prepare for the exam, during the test the next day, Kevin felt like an **airhead**. He was unable to remember a lot of things, **not firing on all cylinders** as he struggled to stay focused. He **drew a blank** on so many questions.
그 시험 준비를 하느라고 밤을 새고 나서 다음날 시험 중에 Kevin은 자기가 띨띨이 같은 느낌이 들었다. 많은 것들을 기억해 낼 수가 없었고 (시험에) 집중하기 위해 발버둥을 치면서도 머리가 풀가동이 되질 않았다. 너무도 많은 문제들에 머리가 텅빈 듯 생각나질 않았다.

After a long day at work, Matt was lying on the couch, **zoned out** in front of the TV, not even registering what was playing.
직장에서 온 종일 일하고 나서 Matt은 무엇이 방영되고 있는지 조차 모르는 채 TV 앞에서 멍때리면서 소파에 누워 있었다.

Sandra is so distracted lately; she's off in **la la land** most of the time during her classes, just doodling in her notebook.
Sandra는 최근 몹시 정신이 산란해요. 수업 동안 대부분 공책에 그림 같은 거나 끄적이면서 멍때리고 있어요

1-108 예민한, 민감한, 과민한

형 sensitive / touchy / testy / delicate / thin-skinned / prickly / tender-hearted / fragile / squishy / high-strung

구 have a thin skin / walk on eggshells / delicate flower / princess and the pea / have delicate sensibilities / take offense at the drop of a hat

예문

I think Sally is sometimes too **touchy** about trivial things.
Sally는 이따금 별 일도 아닌 것에 참 민감한 것 같아.

I heard that Judy's quite **testy** about her age.
Judy는 나이에 대해 아주 민감하다고 해.

Do you believe Minnie is a **thin-skinned** girl?
네가 보기에 Minnie가 너무 예민한 것 같니?

Please don't bother me. I am **on (the) edge** now.
내 신경건드리지마. 나 지금 아주 예민하거든.

The office atmosphere was always **squishy**, with everyone **walking on eggshells** around the boss, afraid of setting off another one of his unpredictable outbursts.
사무실 분위기는 언제나 예민했죠. 모두가 보스의 예측할 수 없는 폭발을 또 한 번 터트릴 까 두려워 보스 근처에서는 조개 껍질 위를 걷는 듯했어요.

Tom has such a **thin skin**. It's a real challenge to have a conversation with him since he **takes offense at the drop of a hat**, often misinterpreting harmless remarks as personal attacks.
Tom은 너무도 민감합니다. 그랑은 대화 한 번 나누는 게 큰 일입니다. 종종 무해한 말도 개인적인 공격으로 잘못 이해하는 등 조금만 뭐 해도 불쾌하게 여기니까요.

형 dumb / dull / slow-witted / insensitive / insensible / blunt / unrefined / tactless / thick-skinned / clueless / dimwitted / blockheaded / boneheaded / doltish / half-witted / loggerheaded / empty-headed / dense / brick-headed / crude / obtuse

명 numbskull / dimwit / dolt / blockhead / loggerhead

구 have a thick skin / as subtle as a brick / blunt as a spoon / not the sharpest tool in the shed / rough around the edges / like a sledgehammer / have a tin ear (for ...)

예문

Sony is such a person with **dull** sensitivity.
Sony는 신경이 아주 무딘 사람이다.

Peter is too **thick-skinned** to mind what others say.
Peter는 남이 뭐라하든 별로 신경쓰지 않는다.

Jane sometimes seems very **insensitive**.
Jane은 이따금 아주 신경이 무딘 사람처럼 보여.

Arthur seems **not the sharpest tool** in the shed.
Arthur는 예리한 사람은 아닌 것 같아.

Despite his efforts, he couldn't shake off the reputation of being the office **dumbbell**, always making **dimwitted** mistakes that cost the company time and money.
그의 노력에도 불구하고 그는 회사 바보의 명성을 떨칠 수가 없었습니다. 늘상 회사에 시간과 돈을 치르게 하는 멍청한 실수들을 하니까요.

Although his heart is in the right place, Joe's often **blunt as a spoon** and **tactless** in giving feedback. So he often leaves his coworkers feeling bruised by his **rough-around-the-edges** language and demeanor.
Joe는 자신의 진심은 그렇지 않은데, 의견을 제시하는 데 종종 둔감하거나 꾀 [눈치]가 없어요. 그래서 그의 동료들이 그의 둔감한 언행에 상처 입었다고 느끼게 두거든요.

형 eidetic (이미지 기억이 뛰어난)

동 rememberer [recaller] / memorist

구 have a good [vivid, photographic] memory / have a long-term [short-term] memory retention / have an elephant memory / memory prodigy [savant] / never forget a face / have a memory [mind] like a sponge [steel trap, elephant]

예문

Brandon is a man gifted with a **strong memory**.
Brandon은 기억력 좋은 사람이야.

Since childhood, I've often heard I **have a photographic memory**.
어릴 적부터 나는 기억력이 아주 좋다는 소리를 자주 들어왔다.

Yuna **has a memory like an elephant**.
유나는 기억력이 매우 좋다.

> **참고** an elephant대신에 a picture를 쓸 수 있으며, 반대의 의미로는 memory like a sieve를 쓸 수 있다.

Andrew **has a retentive [smart] memory**.
Andrew는 기억력이 매우 좋다.

Cohen **has a mind like a sponge**.
Cohen은 기억력이 아주 뛰어나다.

My brother **has a mind like a steel trap**.
내 동생은 기억력 (or 이해력)이 아주 탁월하다.

Rachel's ability as a **memorist** is unmatched. She truly has a **memory like a sponge**, effortlessly retaining every detail she encounters.
기억력이 좋은 사람으로서 Rachel의 능력은 독보적이죠. 그녀는 정말 스폰지 같은 뛰어난 기억력을 갖고 있어서 마주치는 모든 세부 사항을 쉽게 기억하죠.

Despite her age, Grandma remains sharp as ever [sharp as a tack]. Having an **elephant memory**, she's the ultimate **rememberer** of family stories and traditions.

높은 연세에도 불구하고 할머니는 그 어느 때 만큼이나 총명하세요. (코끼리 기억처럼) 뛰어난 기억력을 갖고 계셔서 가족 이야기들과 전통들을 최종적으로 기억하는 분이예요 (모두 까먹었을 땐 할머니께 물어보죠).

1-111 감성적인, 감상적인, 무드에 약한, 쉽사리 감동받는

형 romantic / sentimental / emotional / mushy / love-struck / sappy / saccharine / soppy / gushy / mawkish / maudlin / lovey-dovey / schmaltzy

명 sentimentality / emotionality / schmaltz

구 is [seems like, looks like)] a Hallmark moment / touch [tug at] someone's heartstrings / be (deeply) touched [moved]

예문

Davis has a **romantic** view of life.
Davis는 삶에 대해 낭만적인 관점을 지니고 있다.

Stacy is a typical hopeless **romantic [romanticist]**.
Stacy는 구제불능인 낭만주의자야.

참고 사랑으로 인해 아무리 상처를 받고 아픔과 고통을 겪어도 끊임없이 사랑을 하지 않으면 안되는 지독히 낭만주의적인 성향의 사람들에게 사용할 수 있다.
한국인들이 '로맨티스트'라고 발음하는 것은 잘 못된 것이고 '로맨티시스트'로 발음해야 한다.

You're such a **(sentimental) sap**!
당신 참 감상적이군!

Erica became **maudlin** after she watched the movie.
그 영화 관람후 Erica는 몹시 감상적으로 바뀌었다.

The movie story was so **moving [touching]** that it made my heart melt.
그 영화의 스토리는 너무도 감동적이어서 내 심장이 녹는 줄 알았다.

The documentary titled 'Don't Cry for Me Sudan' about Fr. Taeseok
Lee of Korea **touched [tugged at] the heartstrings** of all the viewers.
한국의 이태석 신부에 관한 '울지마 톤즈'라는 제목의 그 다큐멘터리는 모든 시청자들의 심금을
울렸다.

Despite his conscious aversion to **sentimental** displays, Richard
found himself unexpectedly **moved** by the **schmaltzy** blues music
playing at the old café.
의식적으로 감상의 표출을 피하려고 하지만 Richard는 그 오래된 카페에서 연주되는 감성
진한 블루스 음악에 뜻하지 않게 감동받은 자신을 발견했다.

형 indifferent / (emotionally) detached / unmoved / insensitive / numb / cold-hearted / unfeeling / icy / unresponsive / robotic / callous / apathetic / stone-hearted / stone-faced / deadpan / insensate / stoic / impassive / (emotionally) vacant [distant]

명 statue / zombie / ice king [queen] / iceberg / flat affect / zero feels / robo approach

구 (as) numb as a stump / like Spock [Spock-like] [미국 sci-fi 드라마 시리즈 Star Trek에 나오는 표정/표현 없는 인물 Spock에서 유래] / like talking to a wall / a Tin Man [like Tin Man] [1900년의 미국 아동 소설 'the Wonderful Wizard of Oz' (그리고 1939년 영화)에 나오는 인물]

예문

Dawson is kind of an **insensitive** man who seldom reveals his mood.
Dawson은 자신의 기분을 좀처럼 드러내지 않는 좀 목석같은 인간이야.

Unlike his name, Joy's **(as) cold as stone**.
이름과는 달리, Joy는 아주 목석같은 친구야.

Peter tends to handle everything in a **cold-hearted [indifferent]** way.
Peter는 매사를 냉담하게 처리하는 편이다.

Sean turned out to be a **stone-faced person**.
알고봤더니 Sean은 목석같은 친구더구나.

I gave Tom jokes to make him laugh, but he was just **like a statue**.
웃기려고 Tom에게 농담을 건넸지만, 그는 마치 목석같았어.

Everyone but John had a good time at the party. But John was **a sack of potatoes**.
John을 제외하고 모두가 그 파티에서 즐거운 시간을 보냈는데, John만 목석같이 있었다.

참고 a sack of potatoes: 반응, 느낌, 참여도가 낮거나 없는 사람. 목석 같은 사람

Despite her attempts to connect with him emotionally, he remained **unfeeling** and **(as) numb as a stump**, showing no reaction to her heartfelt words.
그녀가 그와 감성적으로 연결되고자 하는 시도에도 불구하고 그는 그녀의 진심 어린 말에 아무런 반응을 보이지 않고 감정 없이 무감각하게 있었다.

1-113 검소한, 알뜰한, 절약하는

형 frugal / thrifty / economical / penny-pinching

명 penny-pincher

구 economize / tighten one's belt [the purse strings] / make ends meet / pinch [save] pennies [nickels and dimes] / nickels and dimes / count every penny / squirrel [save] away / scrimp and save / economical with a dollar / stretch one's budget / savings ninja

예문

Denver's wife is really a **thrifty** housekeeper.
Denver의 아내는 정말 검소한 가정주부이다.

Susan is **frugal** and never squanders money on unnecessary things.
Susan은 매우 알뜰해서 불필요한 것에 절대 돈을 낭비하지 않는다.

Since Sarah's **(as) tight as a drum**, she never wastes money on unnecessary purchase.
Sarah는 아주 알뜰하기 때문에 불필요한 구매에 돈을 결코 낭비하지 않습니다.

Jenny is **smart with her money**.
Jenny는 아주 알뜰한 소비를 한다.

To become rich, Young lived **thriftly** by cutting down daily expenses as much as he could.
부자가 되려고 Young은 일상의 경비들을 최대한 줄이며 검소하게 살았다.

My boss is so **economical** with a dollar. He knows how best to **stretch his budget**.
제 보스는 엄청 알뜰합니다. 예산을 어떻게 하면 가장 알뜰하게 쓸 지를 알죠.

My sister's a real **savings ninja**. She finds discounts and coupons everywhere.
제 누이는 정말 알뜰이죠. 어딜 가나 할인과 쿠폰을 찾아내거든요.

With the rising cost of living, many families find themselves **pinch**ing **pennies** just to make ends meet, often sacrificing luxuries for necessities.
물가가 오르면서 많은 가족들이 종종 필수품들을 사기 위해 사치품들을 희생시키면서 겨우 생계를 유지하러 푼돈을 아끼는 자신들을 발견했다.

1-114 인색한, 구두쇠의, 짠돌이인

형 mean / stingy / cheese-paring / penny-pinching / tight-fisted / cheapie / close-fisted / cheapskate / skimpy / niggardly / parsimonious

명 miser / cheapskate / cheapie / skinflint / tightwad / penny-pincher / Scrooge / moocher / tight ass

구 pinch pennies / play Scrooge / grasp at straws / grudge [begrudge] spending

예문

Edison was so **stingy** that he detested giving even a small tip.
Edison은 몹시도 인색하여 팁 몇 푼에도 치를 떨었다.

This is no time for narrow thinking or **penny pinching**.
이제는 편협하게 생각하거나 인색하게 굴 때가 아니다.

I'm not a **cheapskate**.
전 구두쇠가 아니에요.

As Sue's a **skinflint**, she's **never chipped in** for anything.
Sue는 지독한 구두쇠이어서, 여태 기부 한 번 제대로 해본 적이 없다.

The tightwad's reluctance to spend even a little caused him to **grasp at straws**, coming up with feeble excuses to avoid contributing to the group dinner bill.
그 짠돌이는 돈이라고는 조금도 쓰지 않겠다는 마음으로 자기 그룹의 디너 비용에 자기 몫을 내지 않으려고 궁색한 변명을 내놓으면서 인색하게 행동했다.

형 extravagant / spendthrift / luxurious / luxury / lavish / prodigal

명 spendthrift / baller / big spender / big-ticket spender / high roller / prodigal

동 waste / lavish / splurge / squander / blow / fritter away / throw away

구 have deep pockets / live large / flash the cash / throw money around / live it up / live high on the hog / spend money like water / live the high life / burn through money / (part of) the jet set / live in the lap of luxury / have money to burn

예문

Emerson was **lavish** in giving parties.
Emerson은 파티하는데 흥청망청 쓴다.

Businessmen enjoy their leisure time in **luxurious [luxury]** hotels.
사업가들은 그들의 레저를 고급 호텔에서 즐긴다.

Susan seems a real **money-burner**.
Susan은 정말 낭비벽이 심한 것 같아.

He **spends money like a drunken sailor**.
그는 돈을 물쓰듯 써요.

Buying another new car seems to be just **money down the drain**.
새 차를 또 사는 것은 낭비같아.

The young couple are **living it up in the penthouse suite of the hotel**.
그 젊은 커플은 그 호텔 펜트하우스 스위트에서 호화판으로 살고 있죠.

My husband has a tendency to **burn through money** on unnecessary purchases.
제 남편은 불필요한 것들 구입에 흥청망청 쓰는 경향이 있습니다.

With his new venture now taking off, Jim **has money to burn** on whatever he wants.
새로운 사업이 이제 뜨면서 Jim은 원하는 건 뭐든지 맘껏 살 수가 있어.

After winning the lottery, Tony decided to retire early and start **living high on the hog**, surrounded by all the comforts he had only dreamed of.
복권 당첨 후에 Tony는 일찍 은퇴하고 꿈만 꾸던 모든 편한 것들에 둘러 싸여 호화롭게 살기로 결정했어요.

The **prodigal** heiress inherited a fortune and immediately began to **live the high life**, indulging in luxury vacations, designer clothes, and **extravagant** parties.
그 방탕한 상속녀는 큰 재산을 물려받고는 곧 사치스런 삶을 살기 시작했죠. 호화 여행이며 디자이너 옷들이며 호화 파티들에 빠져서 말이죠.

1-116 보수적인, 구식의, 수구적인, 구닥다리의

형 old-fashioned / conservative / outdated / out-of-date / outmoded / reactionary / old-school / blimpish / fuddy-duddy / backward / fusty / fogyish

명 conservative / reactionary / fuddy-duddy / old school / square / square toes / dinosaur / (old) fogy [fogey] / mossback

구 stick in the mud / behind the times

예문

You are a real **stick in the mud**.
당신은 정말 보수적이네요.

Emory was known as a **fusty** old politician.
Emory는 아주 보수적인 정치가야.

Henry is a **fuddy-duddy**.
Henry는 아주 고루한 친구야.

My boyfriend is from a **stuffy**, formal family.
내 남친은 아주 보수적인 가문출신이다.

Jim is another **old fogy**.
Jim도 매우 시대에 뒤떨어진 늙은이야.

Sohn is a real **old fossil [soul]**.
Sohn은 정말 고리타분한 사람이야.

In spite of the advancements in technology, the company's management remains **old school**. It's still clinging to **outdated** methods and **falling behind the times** in terms of innovation.
테크놀로지에 있어서의 발전에도 불구하고 그 회사의 경영진은 구식입니다. 아직도 혁신의 면에서는 케케묵은 방식들을 고수하고 있고 시대에 뒤지고 있죠.

Young students yearn for a progressive approach to education. But the **blimpish** professor's adherence to **outmoded** teaching methods makes him a **mossback** in the eyes of his students.
젊은 학생들은 교육에 대한 진보적인 접근 방식을 동경합니다. 그러나 그 극히 보수적인 교수님이 낡은 교육 방식들에의 고수는 학생들의 눈에는 그분을 (등에 이끼가 낀) 구닥다리가 되게 하죠.

1-117 중도적인, 온건한, 중립적인

형 moderate / balanced / fair-minded / middle-path / neutral / centrist / wishy-washy / beige / middling / half-and-half / plain vanilla

명 moderate / neutral / middle-of-the-roader / centrist / fence-sitter / (a) Swiss / Switzerland / middle-laner / plain vanilla

구 in the middle of the road / middle-of-the-roader / middle-of-the-road / a middle-of-the-road Joe/Jane / stick to [find, occupy] a middle ground / straddle [sit on] the fence / refuse to take sides / betwixt and between / neither fish nor fowl [flesh] / not one or the other / neither here nor there / neither one nor the other / in the gray (zone)

예문

Foster is a **middle-of-the-road** journalist.
Foster는 중도성향의 신문기자야.

= As a journalist, Foster is a **middle-of-the-roader**.
언론인으로서 Foster는 중도적인 사람입니다.

A Swiss by nature, Matthew doesn't like to get involved in political debate at all.
천성적으로 중립적인 사람이어서 Matthew는 정치적인 논란에 전혀 끼어들고 싶어하지 않는다.

Mr. Bowmen's **sitting on the fence**, as he is politically **neutral**.
정치적으로 중도파인 Bowmen은 기회를 살피고 있다.

There are many **centrists** in this party.
이 정당엔 중도파들이 많다.

Politically, Isaac is **neither fish nor fowl**.
정치적으로 봤을 때, Isaac은 이도저도 아니고 중립적이다.

Sam finds herself **betwixt and between** on most political debates, **neither** fully aligning with the left nor the right, embodying a stance that is **neither here nor there**.
Sam은 대부분의 정치적인 토론에서 자신이 중도적임을 발견한다. 좌우 어느 쪽도 완전히 줄을 서지 못하고 여기도 저기도 아닌 입장을 취한다.

Moderate politicians tend to navigate controversial issues. They often **straddle the fence** in order to appeal to voters **on both sides** of the political spectrum.
중도적인 정치인들은 논란이 되는 이슈들을 피해가려는 경향이 있습니다. 그들은 종종 정치 스펙트럼의 양쪽에 있는 유권자들에게 어필하기 위해 양다리를 걸치죠.

형 liberal / progressive / reformist / innovative

명 (bleeding) liberal / progressive / reformist / reformer / innovator / leftist [leftie, lefty] / left winger / social justice warrior (SJW) / tree hugger / pinko / snowflake / libtard (경멸적)

예문

Politically, I have never been a **liberal [progressive]**.
정치적으로 봤을 때, 난 결코 진보적이진 않았어.

The politician is **left wing [a left winger]**.
그 정치가는 좌익이다.

I believe that Patrick is a **leftist**.
내가 보기엔 Patrick은 좌익성향이이야.

Many conservative politicians and law enforcement officers regarded Dr. Martin Luther King, Jr. as a **lefty [pinko]**.
많은 보수적 정치인들과 법집행관들은 Dr. Martin Luther King, Jr.를 좌파라고 여겼다.

Please do not frame me as a "**bleeding heart**".
저를 제발 동정심 많은 진보주의자로 만들지 마세요.

The new politician was not afraid of pushing the boundaries as a **liberal** and trying new things as a trailblazer.
그 신인 정치가는 진보성향의 개척자로서 경계를 허물고 새로운 일들을 시도하는 것을 두려워하지 않았다.

Owen is a **change agent** who is always looking for bold and innovative ideas.
Owen은 늘 과격하고 혁신적인 아이디어들을 찾는 변화의 요체이다.

Many **progressives** who advocate environmental protection are often ridiculed as '**tree huggers**.'
환경보호를 옹호하는 많은 진보적인 사람들이 종종 '나무를 껴안는 사람들' 이라고 조롱을 받습니다.

1-119 과격한, 급진적인, 혁명적인

형 radical / rebellious / extreme / extremist / militant / revolutionary / iconoclastic

명 radical / extremist / firebrand / rebel / militant / revolutionary / iconoclast

동 radicalize / revolutionize / rebel

구 out-of-the-box thinker / shake things up / turn things upside down

예문

John has a **radical** opinion about social development.
John은 사회발전에 대해서 아주 급진적인 견해를 갖고 있다.

The protesters always **went to extremes** in political views.
시위자들의 정치적인 견해들은 늘 너무 극단적으로 치우쳤다.

Hamilton is a fearless rabid **revolutionist**.
Hamilton은 두려움없는 과격한 혁명가였다.

Washington is a **loose cannon** who has very extreme views for social reformation.
Washington은 사회개혁에 대해 아주 극단적인 견해를 가진 급진적인 인사이다.

My uncle is a **militant** who is very **radical** in his political beliefs and does not hesitate to take aggressive action.
삼촌은 정치적 신념들이 아주 급진적이고 공격적인 행동을 서슴치 않는 과격파이다.

I used to be a real **firebrand** when I was a college student.
대학생 시절엔 나도 아주 급진적인 사람이었어.

By launching the Model T in 1908, Henry Ford **revolutionized** the production and pricing systems in the automobile industry. Thus, he fulfilled his **radically** democratic idea of 'cars for the masses.'
1908년에 모델 T (자동차)를 출시함으로써 Henry Ford는 자동차 산업에서의 생산과 가격 체제를 혁명적으로 변화시켰다. 그렇게 해서 그는 '대중을 위한 자동차' 라는 급진적으로 민주적인 생각을 실현했다.

[사진] 1913년에 Colorado 주의 산골 길에서 한 가족이 초기의 Model T 차를 타고 일요일 오후의 드라이브를 즐기고 있다.
사진 제공: the Lake County Public Library (Leadville, Colorado)

형 able / surprising / amazing / talented / knowledgeable / informed / expert / gifted / skilled / skillful / fluent / excellent / unusual / astonishing / startling / wonderful / professional / proficient / competent / marvelous / remarkable / notable / mature / ripe / practiced / veteran / masterly / distinguished / unequaled / erudite / well-versed [read] / deep-read / hip / posted / well-acquainted / conversant / sophisticated / seasoned / refined / trained / polished / masterful / striking / brilliant / awesome / stunning / incredible / outstanding / exceptional / uncommon / extraordinary / savvy / phenomenal / supernormal / superior / superb / conspicuous / adroit / adept / deft / preeminent / prominent / unparalleled / distinguished / exemplary / stellar / prodigious

명 gift / talent / specialist / professional / expert / aptitude / knack / flair / mojo / genius / whiz / veteran / ace / natural / pro / rockstar / hotshot / standout / class act / wizard / outlier / pundit / maestro / prodigy / guru / maven / ninja / doozy [doozer] / egghead (비격식/속어: 경멸적) / virtuoso

구 cut out for [to be] ... / have an ear [eye] for ... / the cream of the crop / one in a million / a cut [way] above the rest / head and shoulders above ... / the best of the best / be the cat's pajamas / (one's) ace in the hole / be death on ... / cook with gas / knock [sweep] someone off his [her, their] feet / could write a book on ... / be no slouch at ... / have something at one's fingertips / in the know (about ...) / know something inside out / (just) like the back of one's hand / know one's onions [stuff, beans] / up to snuff [par] (on ...) / know (something or someone) like a book / have a lot on the ball

예문

Debora is a musical **prodigy** who composed her first piece at five.
Debora는 다섯살에 첫 작곡을 할만큼 음악에 비범한 재능이 있다.

Susan is a real **class act** as a politician.
Susan은 정치가로서 아주 걸출한 인물이다.

Thompson's a math **whiz [wizard]**.
Thompson은 수학에 정말 탁월한 능력을 지녔다.

My brother, Sean, can speak eight different languages fluently. He must be a true **polyglot**.
우리 형인 Sean은 무려 8개국어를 유창하게 말할 수 있다. 그는 어학에 비상한 능력이 있음에 틀림없다.

I heard Paul's a **hotshot**.
Paul은 대단한 실력자라고 들었다.

Steve has the **mojo** for making friends.
스티브는 친구 사귀는데 비상한 능력이 있어.

My husband is really a handyman who is a **jack-of-all-trades**.
남편은 정말 못하는 게 없는 재주꾼이다.

> 참고 종종 다방면에 능하지만 하나도 뛰어난 것이 없다는 함축적인 의미를 내포함

Russel is a **glutton** for punishment.
Russel은 어떤 벌[=고난]이 주어져도 꿋꿋이 견뎌내는 데는 대가야.

> 참고 a glutton for reading 독서광

I was surprised at how **erudite** she was.
나는 그녀의 유식함에 놀랐다.

Taylor is **conversant** with Korean political history.
Taylor는 한국 정치사에 도통하다.

Jeffery is really a **whiz [wizard]** at math.
Jeffery는 수학은 정말 도사야.

Are you saying Mike is a computer game **geek**?
Mike가 컴퓨터게임 분야에선 아주 전문가라고 말하는거니?

Judy has worked as an art **connoisseur** at the museum for over 10 years.
Judy는 그 박물관에서 10년이 넘도록 미술품 감정가로 일해왔다.

Lydia is **skilled in** spinning and weaving.
Lydia는 실을 잣고 옷감을 짜는 데 능숙하다.

Stella is a **well-rounded** lady.
Stella는 정말 다재다능한 재주꾼이야.

Maybe I'm **cut out for** this.
나는 이쪽으로 재주가 있는 모양이야.

I heard that he is **at home** in Chinese.
그는 중국어에 아주 능통하다더군.

Taylor Swift really **has what it takes** to be a great singer.
Taylor Swift는 정말 훌륭한 가수가 될 자질을 갖추고 있다.

When it comes to selling clothes, Vivian has **the Midas touch**.
Vivian은 옷파는 일에 타고난 재주가 있어.

Paul has a **good head for figures**.
Paul은 숫자에 아주 탁월해요.

The exorcist has the ability of **ESP**.
그 무당은 초능력을 지녔더군.

참고 ESP = Extrasensory Perception

Jamison **is death on** painting portraits.
Jamison은 친구 초상화 그리는데는 아주 발군이야.

Park's pitching in this baseball game was **peachy keen**.
이 야구경기에서 박선수의 피칭은 정말 눈부셨어.

참고 때로 빈정대는 투로 사용되기도 한다.

All the players did a very good job. The whole team was really **cooking with gas**.
모든 선수들이 아주 잘 했습니다. 팀 전체가 정말 대단했어요.

You really **know your stuff**.
당신은 정말 대단하시네요.

Keegan **has a proven track record**.
Keegan은 실력[실적]을 인정받았어요.

Beth **could write a book on** daily trading.
Beth는 일일 주식거래에 아주 도가 튼 친구야.

Charlie passed the exam **with flying colors**.
Charlie는 시험에 아주 우수하게 합격했더군.

Lucy **has an ear for** music.
Lucy는 음악에 조예가 있어.

What can't you do?
도대체 네가 못하는 것은 뭔데?

Jessie **has a great sense of humor**.
Jessie는 유머 감각이 뛰어나요.

It was **a feather in his cap** to be the MVP in the all-star game.
올스타게임의 최우수상을 받게 된 것은 큰 영광(=자랑거리)이다.

> 참고 a feather in one's cap: 영광; 자랑할 만한 성취

Kelvin is **head and shoulders above everyone** else in physics.
Kelvin은 물리과목에 다른 누구보다 뛰어나다.

Melinda really thinks you're **the cat's pajamas [whisker]**.
Melinda는 당신이 아주 특출난 자라 여겨.

The New York Yankees are packed with **doozies [doozers]** this year.
New York Yankees 팀은 금년에 아주 빼어난 선수들로 넘치는군.

> 참고 the cat's pajamas / the cat's whisker / the bee's knees: outstanding, excellent;
> 뛰어난, 특출난
> 참고 doozy [doozers]는 '굉장한 사람 또는 물건'

Bill is a **(Mr). Renaissance man**.
Bill은 학문과 예술에 통달한 팔방미인이야.

Miller **has good hands** in bowling.
Miller는 볼링을 아주 잘 쳐요.

The young music college student **has good hands** on the piano. Her playing is amazingly **skilled**.
그 젊은 음대 학생은 피아노가 능하군요. 연주가 놀라운 솜씨입니다.

My father's **got good hands** for woodworking. Lately, he built a new patio in the back of his house.
제 아버지는 목수일이 능하세요. 최근엔 집 뒤에 새 패티오를 만드셨어요.

George and his band played **with the utmost skill**.
George와 그의 밴드는 한껏 숙련된 솜씨로 연주를 했다.

I think the carpenter **is habituated to** repairing houses.
그 목수는 집수리하는 데 이골이 난 것 같아.

> 참고 'habituated' 대신 'accustomed', 'inured', 'used', 'adapted' 등도 사용된다.

The technician **skillfully handled** a variety of tools and machines.
그 테크니시안은 다양한 장비들을 능수능란하게 다루었다.

As Julie was a **smooth operator**, many people wanted to hire her as their secretary.
Julie는 일처리가 아주 뛰어나서 여러 사람들이 자신들의 비서로 채용하고 싶어했다.

> 참고 smooth operator: 가끔은 진정성이없는 (slick) 의 의미로도 사용됨

Victor is a **smooth talker**.
Victor는 아주 언변이 뛰어난 수완가이다.

The world economy is **(just) like the back of his hand** to Warren Buffett.
= Warren Buffett has the world economy **(just) like the back of his hand**.
세계 경제는 Warren Buffett에게는 자기 손등 같은 (너무도 잘 아는) 것이죠.

Peter **knows his onions**.
Peter는 자신이 하는 일에 아주 훤해.

> 참고 onions 대신에 쓰이는 말로 beans, business, stuff 등도 있다.

Walker has music **at his fingertips**.
Walker는 음악에는 정말 일가견이 있어.

> 참고 '편리한 곳에 가까이 두다'는 뜻도 있다.

Jane's **no slouch** on the piano.
Jane은 피아노에 일가견이 있다.

> 참고 'slouch'는 명사로 '서투른 사람' '게으름뱅이'이지만, 동사로는 '수그리다' '구부정하게 걷거나 앉다'는 뜻이 있다.

Elizabeth and her twin sister **know** each other **like a book**.
Elizabeth과 그녀의 쌍둥이 자매는 서로를 훤히 꿰뚫고 있어.

I **know the ins and outs** of my boss. (= I know my boss inside out.)
나는 울 사장에 대해 아주 속속들이 알고 있어요.

Watson **knows** existentialism **inside out**.
Watson은 실존주의 철학에 대해선 아주 정통해.

Westin is a **good number-cruncher**.
Westin은 숫자에 아주 비상한 사람이야.

I **cut my eyeteeth on** cars.
난 어릴적부터 차에 관심이 많아서 차에 대해 많이 알고 있지.

> **참고** cut one's eyeteeth on: (유치로 무언가 깨물고 가는 것을 비유해서) 어려서부터 무언가를
> 경험하거나 잘 알게 되다, 어른이 되다, 철이 들다.

Issac was scouted as our team leader because he **got a lot on the ball**.
Issac은 다방면에 아주 유능했으므로 우리 팀의 리더로 스카웃되었다.

> **참고** on the ball은 '철두철미하다'는 의미로도 사용

Johnathan **has a green thumb**.
Jonathan은 원예에 일가견이 있지.

The guy **wrote the book on** lottos.
그는 로또라면 날고 기는 친구야.

> **참고** 실제로 저술했다기보다 해당분야에 이골이 났다는 의미. 보통 on 뒤에는 부정적인 word가
> 따른다.

A lot of politicians talk about the president just as if he was their
buddy, but not many of them are really **in the know** about him.
많은 정치인이 마치 대통령이 자기 단짝 친구인 것처럼 대통령에 관해 말들을 하지만, 그들
중에 대통령에 관해 정말 잘 알고 있는 사람은 많지 않다.

The young professor was **well read** in world history, indeed. His
first lectures as assistant professor were **up to snuff**.
그 젊은 교수는 정말로 세계사에 정통했다. 조교수로서의 그의 첫 강의들은 훌륭했다.

> **참고** be well read [versed] in ...: ...에 정통한 [해박한, 박식한]. 이 표현에서의 read는 read
> 의 과거분사이므로 [red]로 발음됨에 주의.

1-121 세상물정에 밝은, 다재다능한, 경험이 풍부한, 만물박사의, 팔방미인의

형 learned / encyclopedic / well-informed / knowledgeable / jack-of-all-trades / egghead / all-rounder / well-versed / well-rounded / clued-up / woke (세상 일을 잘 아는 (특히 정치나 사회적/인종적 정의에 관해 의식이 있는) / switched-on

명 wiseacre / wise guy / know-it-all / smart alec(k) / maven [mavin] / walking / encyclopedia

구 be (well) plugged in / be in the know (about ...)

예문

Leonel has **been around**.
Leonel은 세상물정에 아주 밝은 사람이야.

My brother is **keeping his ear to the ground**.
내 형은 세상 물정에 밝은 편이야.

참고 '상황을 예의주시하다', '빈틈없이 정보를 잘 파악하다', '잘 꿰차고 있다'는 의미

I know that Kent is a **jack of all trades**.
Kent는 모르는 게 없는 만물박사라네.

참고 팔방미인, 다재다능

Joan is highly skilled in the office because she had opportunities to **wear many hats**.
Joan은 다양한 업무들을 맡았으므로 사무직일에 아주 능숙하다.

참고 many (different) hats은 다양한 역할, 직무수행을 의미

Joshua is thought to be a typical **know-it-all**.
Joshua는 너무 아는 체를 하는 친구야. (약간의 경멸조)

Rayan is such a **wiseacre** that pretends to know almost everything in almost all areas.
Rayan은 너무 아는 체를 많이하는 인간이야.

Tanya's done many different jobs, met many guys, experienced a lot of things. She's really **been there, done that**.
Tanya는 많은 다른 일들을 해 봤고, 많은 남자들도 만나 봤구요, 많은 경험들을 해 봤죠. 정말 산전 수전 다 겪어 봤죠.

My teacher is well **plugged** in hip-hop culture and rap music.
제 선생님은 힙합 문화와 랩 음악을 잘 알고 계시죠.

1-122 자격이 충분한, 기대에 부응하는, 자격이 있는, 기준[요구]에 부합하는

형 qualified, trained, fit [eligible, suited] (+ for + 목적어, + to-부정사)

동 fit, deserve [merit] (+ 명/대명/to-부정사)

구 have [have got / got] what it takes to be ... (...가 되기에/...일을 하기에) 필요한 자격을 갖추고 있다) / live [measure, come] up to [meet, satisfy, gratify] the requirements [qualifications, expectations] (요구 사항들 [자격/기대 수준]에 부응하다) / be worth the [one's] salt (밥값을 하다) / have the right [adequate, required, necessary] qualifications [licenses, job skills, experiences, etc.] (for .../ to be/do ...) (자격을 갖추고 있다) / be able to do ... / be capable of doing ... / be worthy [deserving] of + 명/대명 / take the cake (단연 최고/으뜸이다) / deliver the goods (요구된/약속한 일/의무를 행하다) / cut the mustard [make the grade, cut it] (일을 제대로[만족스럽게] 해내다)

예문

You are **eligible [qualified, entitled]** to enroll in this health insurance plan.
이 건강보험 플랜에 등록하실 자격이 있습니다.

I think that you **deserve** to say that.
당신은 그렇게 말씀하실 자격이 있다고 생각됩니다.

Rowen has a **proven track record**.
Rowen은 실력을 인정받았어요.

You'll get a raise when you're **worth your salt**.
몸값을 하고 있다면 자네의 봉급은 인상될걸세.

His impressive play at the all-star game really **took the cake**.
올스타전에서 인상적인 플레이를 했던 그는 최고수훈상을 받기에 손색이 없었다.

He never **lives [comes, measures] up to** his parent's standards.
그는 결코 부모님의 기대치들에 부응하지 못한다.

The president **delivered the goods** by recovering the bad economy.
죽어가는 경제를 살려냄으로써 그 대통령은 기대에 부응했다.

Adonis was believed too old to **cut the mustard [cut it, make the grade]**, but he became the first world champion.
기대에 부응하기엔 나이가 많다고 생각되었지만, Adonis는 최초의 세계 챔피언이 되었다.

Lizzy really **has what it takes to be** a good schoolteacher. She's just graduated from a fine college of education, and she has also tutored lots of children for many years. I'm sure she'll easily **make the grade** as a new teacher.
Lizzy는 훌륭한 학교 선생님이 될 자격을 갖추고 있어요. 우수한 교육대학교를 막 졸업했고 여러 해 동안 많은 아이들을 지도하기도 했죠. 저는 Lizzy가 신참 교사로 잘 해낼 것으로 확신합니다.

형 promising / rising / favorable / up-and-coming / ascendant

명 comer (잘 나가고 있는 사람) / up-and-comer / hotshot / upstart / shoo-in (성공/승리가 유력한 사람)

구 have the potential to-부정사 / have [stand] a chance + to-부정사 / be poised [likely, projected] + to-부정사 / on the rise / going places / making waves / (the) one to watch / upwardly mobile / trending [swinging, climbing] upward(s) / a rising star / coming into one's own / drawing [following] an upward trajectory / a (new) force to be reckoned with / on the way up / upward bound

예문

Alfredo was voted the most **promising** new director.
Alfredo는 가장 유망한 새 이사로 선출되었다.

Antonio is a real **comer**.
Antonio는 정말로 전도유망한 사람이야.

Although Edgar must be a **shoo-in** for the position, we cannot disregard Jackson as a dark horse candidate.
Edgar가 그자리에 유력한 후보지만 잠재력있는 잭슨후보도 무시할 순 없어.

참고 가끔 shoe-in으로 표기된 문장도 보이지만, 잘못된 철자임

We believe that the rookie will be a **dark horse** in the MLB this year.
우리는 그 신인선수가 금년에 메이저리그에서 대단한 잠재력을 발휘할 거라 믿어.

The current president **stands a chance** to be reelected.
현 대통령이 재선될 가능성이 있다.

Patsy is really an **up-and-coming** designer.
Patsy는 정말 장래가 촉망되는 디자이너야.

I'm very sure that Angelo is such a **diamond in the rough**.
Angelo는 흙속에 묻힌 진주같은 사람이야.

In the race for the 2008 U.S. presidential election, Barack Obama was a **hotshot** on the rise. **Making waves** on the national political landscape, he ended up grabbing the presidency by a landslide.

2008년 미국 대통령 선거 경쟁에서 Barack Obama는 떠오르는 유망주였다. 전국 정치계에서 파장을 일으키면서 끝내는 압승으로 대통령직을 거머잡았다.

[사진] 미국 뿐만 아니라 거의 전 세계의 젊은 이들과 소수인종들과 진보적인 사람들을 열광시킨 Barack Obama의 미국 대통령 선거 캠페인 포스터. Obama는 미국 뿐만 아니라 전 세계의 유색/소수 인종 사람들에게 자긍심과 희망을 심어 주었다. 그리고 그는 인종 통합과 문화들의 융합으로 대표되는 globalization의 다가오는 미래일 뿐만 아니라 이제는 상당히 생생한 현재진행형의 모습을 보여 준다.

1-124 평범한, 보통인, 그저 그런, 평균적인

형 common / ordinary / average / modest / plain / commonplace / mediocre / run-of-the-mill / [명] average guy [Joe, gal, Jane] / plain [Plain] Jane / Joe Blow

구 man in the street / regular Joe / plain Jane / everyday person / Mr. [Ms.] Normal / plain vanilla (명/형용) / middle of the road / garden variety / dime a dozen / nothing to write home about / nothing special / standard issue / (your average) run-of-the-mill / two-a-penny / meat and potatoes / a bowl of plain oatmeal

예문

John is an **ordinary** person, so he lacks imagination.
John은 아주 평범한 사람이어서 상상력이 그리 뛰어나진 않아.

Nora is just like a **plain Jane**.
Nora는 그저그런 사람입니다.

The guy doesn't have any outstanding talents. He is just an **average Joe [plain vanilla]**.
그 친구에겐 아무런 특별한 재능이 없어. 그저 평범한 친구일 뿐이야.

Carole's life is like **a bowl of plain oatmeal**.
Carole의 삶은 큰 굴곡없이 평범해요.

My boyfriend's just **meat and potatoes**, but I love him so much.
제 남친은 그냥 평범한 사람입니다. 하지만 전 그 사람 엄청 사랑해요.

Lennon is not a **garden-variety** musician.
Lennon은 평범한 뮤지션이 아니라구.

When Harry Truman first became president, he was really **nothing to write home about**. But by the end of his second term, he came to be called 'the greatest **common man**.'
Harry Truman이 처음 대통령이 되었을 때, 그는 정말 별 볼 일 없었죠. 그러나 두 번째 임기가 끝날 무렵이 되어서는 '가장 위대한 보통 사람'으로 불리게 되었죠.

형 unable / useless / worthless / incapable / unqualified / unfit / unskilled / shiftless / deadbeat / dead-end / inefficient / incompetent / ineffective / feckless

명 no-hoper / bum / greenhorn / deadbeat / loafer / layabout / basket case / dead end / dead loss / bush leaguer / rookie mistake

구 no good / good for nothing [good-for-nothing] / not up to snuff / below par / out of his [her] element / fish out of water / playing catch-up / dead weight / dead loss / deadwood / not worth one's salt / in the bush [minor] league / amateur hour / fumble around / no great shakes (특출나지 않은 사람/선수)

예문

To be honest with you, Max is **no bargain** here. How did he get in here?
자네한테 솔직히 말하는데 Max는 여기 쓸모가 없어. 여긴 어떻게 들어왔지?

The family couldn't rely on their **feckless** father.
그 가족은 무능한 아버지에게만 의지할 수 없었어.

참고 feck (=effect, vigor)이 없는 (-less)

The policy ended in failure by an **incompetent** minister.
그 정책은 무능한 장관에 의해 실패로 끝나고 말았어.

I'm **terrible at** [with] numbers.
난 숫자 기억하는데는 아주 젬병이에요.

I'm **terrible with** directions.
난 정말 길치야. (= I have no sense of direction.)

I'm really **bad with** machines.
난 기계 다루는 데는 정말 젬병이야.

When it comes to household work, my husband's **all thumbs**, you know.
알다시피, 집안 일이라고 하면 내 남편은 완전 서툴어 (잘 하는 게 없어).
= all thumbs: awkward and clumsy

Ever since she was a child, Katie has had a **green thumb**. She effortlessly coaxes vibrant blooms from even the most stubborn plants in her garden.

Katie는 어린 시절부터 줄곧 화초 키우는데 솜씨가 있어 왔어요. 그녀의 정원에서 가장 힘든 식물들도 힘 들이지 않고 달래서 싱싱한 꽃들을 피우죠.

Unfortunately, the new intern is a complete **no hoper**; his work ethic is **not up to snuff**, and he struggles to meet even the simplest deadlines.

불행하게도, 새로 온 인턴은 완전 희망이 없는 친구네요. 그의 근로 태도라고는 쓸모도 없고 (무능하고), 가장 간단한 일정들조차 맞추기 힘들어 해요.

Jenny's a **lousy judge** of cash flow.

Jenny는 돈의 흐름을 파악하는데는 빵점이야.

Jimmy was a very creative writer but **no great shakes** in business.

Jimmy는 아주 창조적인 작가지만 사업쪽은 영 아니야.

I used to be a good pianist, but I'm starting to **lose my touch**.

난 예전에는 피아노를 잘 쳤는데 이젠 감을 잃기 시작했어.

I'm **tone-deaf**.

난 음치라구. (= I can't carry a tune.)

The pitcher is in a long slump. In today's game, he's going to be a **long shot**.

그 투수는 장기적인 슬럼프에 빠져 있어. 오늘 경기에서 가망이 없을 거야.

참고 a long shot: 승산이 거의 없는, 가망이 없는 사람, 사물, 상황 등; a hundred to one shot; a long odds; have long odds; an also-ran; sleeper; underdog; a fat chance

The once-famous singer became just a **nickel-and-dimer**.

한 때 그 유명가수도 그저그런 가수가 됐어.

The star is a **has-been**.

그 스타는 한물 간 사람이야.

형 ignorant / illiterate / know-nothing / uneducated / unschooled / unlearned / clueless / uninstructed / unenlightened / knowledgeless / unlettered / unread / thick (영국 slang)

명 illiterate / know-nothing / ignoramus / flat-earther (지구가 평평하다고 믿는 식으로/정도로 무식한 사람)

예문

I am **ignorant** about computers.
난 컴퓨터에 대해선 일자무식이야.

Frankly, I'm totally **clueless** about [in] economics.
솔직히 난 경제학은 1도 몰라.

Orlando didn't know very easy words at all. He must **have rocks in his head**.
Orlando는 정말 쉬운 단어들도 하나도 아는 게 없었어. 아주 돌대가리인 것 같아.

There are few **illiterate** people in Korea.
한국에는 글을 모르는 사람이 거의 없다.

Among my neighbors, I know this **know-nothing** guy. He's like a **flat-earther** on almost everything.
내 이웃들 중에 내가 아는 이 완전 무식한 친구가 있는데. 거의 모든 것에 관해서 마치 지구는 평평하다는 식으로 무식해.

1-127 운동을 잘하는, 운동신경이 있는, 민첩한

형 nimble / agile / athletic / sporty / spry / light-footed / fleet-footed (잘 뛰는) / nippy (기본: 날씨, 맛; (영국, 비격식체) nimble, agile) / supple (유연한)

명 jock / ballplayer / gym rat / acrobat / ninja / speed demon

구 light on one's feet / fleet of foot / light of foot / quick as lightning / (as) fit as a fiddle / (as) agile as a cat / (as) quick as a hare / (as) supple as a willow (몸이 유연한)

예문

That player is very **athletic**, so he is very good at handling the ball.
그 선수는 워낙 운동신경이 뛰어나서 볼을 다루는 솜씨가 아주 발군이야.

I've never seen anyone so **agile** at everything as Terry.
테리만큼 매사에 민첩한 사람을 본 적이 없어.

That **nimble** boy became a world-famous soccer player.
날쌘돌이 그 소년은 세계적인 축구선수가 되었지.

In spite of his imposing stature and weight, Michael is very **athletic** and **light of foot**. On the basketball court, for example, he swiftly maneuvers around opponents to sink shot after shot.
위압적인 키와 몸무게에도 불구하고 Michael은 아주 운동신경이 뛰어나고 발이 빠르죠. 농구 코트에서는, 예를 들자면, 상대방 선수들을 재빠르게 요리 조리 피해 가면서 계속 슛을 꽂죠.

Jim Brown was a legendary **fleet-footed jock** on the football field as the best-known running back. Dodging tackles with great **agility**, he earned admiration from both teammates and rivals alike.
Jim Brown (1936-2023; the Cleveland Browns, 1957-65)은 가장 잘 알려진 러닝백 (미식축구 공격수) 으로 미식축구장에서 전설적으로 발빠른 선수였다. 그는 (상대팀의) 태클을 대단히 민첩하게 피하면서 팀 동료들과 상대팀 선수들 모두로부터 감탄을 받았죠.

형 slow / sluggish / dull / unathletic / lead-footed / slow-footed / clumsy

명 non-athlete / slowpoke

구 not physically [athletically] inclined [disposed] / not a natural athlete / lacks physical coordination [abilities] / clumsy [awkward, dull] in sports [physical / bodily movements] / have leaden feet / far from an athlete [a jock] / have slow [poor] motor skills

예문

Rafael's **not** an **agile** dude, really.
Rafael은 정말 민첩한 친구가 아니야.

Amy must be a **slowpoke**. She is always late at weekly meetings.
Amy는 느려터졌어. 주간미팅에 일찍 온 적이 없어.

Eric has **poor athletic ability**.
Eric은 운동신경이 아주 부족하다.

I **have no hand-to-eye coordination**.
저는 운동신경이 꽝이랍니다.

Tom **has a dull motor nerve [dull motor (sensory) skills]**.
Tom은 운동신경이 매우 무디다.

Karen enjoys playing sports, right? But as a matter of fact, she's fully aware she's quite **lead-footed** and **not physically inclined**. As she once told me, keeping up with her peers seems to be a challenge.
Karen이 스포츠 하는 걸 좋아하잖아? 근데 실은 Karen은 자기가 꽤 느리고 (무겁고) 운동 소질이 없다는 걸 잘 알고 있어. 한번은 나한테도 말했는데 또래들만큼 하는 것도 어려운 일인 듯해.

1-129 잘 생긴, 아름다운, 예쁜, 핸섬한, 매력적인, 귀여운

형 pretty / beautiful / attractive / graceful / charming / charming / cute (영어에서는 남자에 관해 handsome의 의미로 자주 사용) / lovely / sick (비격식체/속어 반어법으로 good, cool을 의미) / stylish / good [goodly]-looking / fine [nice]-looking / appeal / sharp / dashing / knockout / gorgeous / glamorous / voluptuous

명 knockout / eye candy / stunner (탁월한 능력이나 성취를 이룬 사람을 뜻하기도 함) / heartthrob (주로 남자) / hunk (주로 남자) / stud (주로 남자) / dreamboat (주로 남자) / π fine specimen / peach / bombshell (glamorous한 여자) / babe (여자) / total babe (여자) / hottie (여자) / diva (여자) / Aphrodite (여자) / Adonis (남자) / handsome devil (남자) peaches and cream (부드럽고 깨끗한 피부)

구 smoking [smokin'] hot (주로 여자) / drop-dead gorgeous (여자)

예문

I met this girl at a blind date last night, and, guess what, she was really **breathtaking**.
난 지난 밤에 블라인드 데이트에서 이 여자를 만났는데, 있잖아 그녀는 너무 아름다웠어!

Kristina is drop-dead **gorgeous**.
Kristina는 정말 반할만한 여자야.

Jennifer is a real **knockout**.
Jennifer는 넋이 나갈 정도로 미인이야.

She is a **peach**.
그녀는 아주 잘 생겼다.

Paul is a real **eye-catcher**.
Paul은 정말 잘 생겼네.

Henry is a real **stunner**.
Henry는 숨이 멎을만큼 잘 생겼어.

You are **in good shape**.
당신이 멋져 보이는군요.

I couldn't take my eyes off her!
그녀에게서 눈을 뗄 수가 없었어!

Pedro has clear-cut features.
Pedro는 이목구비가 뚜렷해.

When Rudolph Valentino appeared on the silver screen, lots of American women were mesmerized by his stunningly **handsome** and romantic appearance. He was **smoking hot** to so many women. Some even fainted in the aisles of the movie theaters.
Rudolph Valentino (1895-1926, Italian-American 영화 배우)가 은막에 출현했을 때 많은 미국 여성들이 그의 핸섬하고 로맨틱한 용모에 뿅 갔죠. 그는 무척 많은 여자들에게 불타듯이 뜨거웠죠. 어떤 여자들은 영화관 통로에서 까무러치기도 했죠.

[사진] "American heartthrob" (미국 (여성들의) 심장을 뛰게 하는심쿵), "Latin lover" (라틴 (이탈리안계) 애인) 등의 별명으로 불린 미국 최초의 최대의 스타 Rudolph Valentino (1895-1926). © Paramount Pictures (1920)

The famous white dress moment from 'The Seven Year Itch' cemented Marilyn Monroe's status as a legendary Hollywood **bombshell**. The moment practically fixated her **glamorous** and magnetic presence on the silver screen.
(1955년 영화) 'The Seven Year Itch' (7년 만의 외출)에서의 그 유명한 흰색 드레스의 (드레스가 아래로 휙 분 바람으로 부풀어 오른) 순간은 Marilyn Monroe의 지위를 전설적인 할리우드의 매력녀로 굳혔다. 그 순간은 실질적으로 그녀의 글래머러스한 스타일과 자석과 같은 존재를 은막에 고정시켰다.

[사진] 여배우 Marilyn Monroe를 미국 대중문화에서 은막의 sex symbol로 굳힌 영화 *The Seven Year Itch* (1955)의 유명한 "the white dress moment"를 전면에 묘사한 영화 포스터들 중의 하나. © 20th Century Fox

형 plain / homely / ordinary / ordinary [average, plain]-looking / run-of-the-mill / average-looking / unattractive / unassuming / unremarkable / nondescript / plain-featured [-looking]

구 plain Jane (남자에게도 사용 가능) / average Joe [Jane] / nothing [not much] to write home about / je ne sais quoi (평범하면서도 딱 뭐라고 말하기 힘든 묘한 호감을 주는 인상) / not much to look at / short on looks / plain as day / plain as a pikestaff / not a looker / just another face in the crowd

예문

Linda has a **plain [ordinary, featureless]** face.
Linda는 참 평범한 외모를 지녔어.

Dorothy's **average in appearance**.
Dorothy의 외모는 수수한 편이야.

Anne was just a **run-of-the-mill** housewife at that time..
그 당시에 Anne은 그저 평범한 전업주부였어.

참고 run-of-the-mill에서 run은 과거에 방앗간에서 출하되었지만 아직 미등급의 평균적인 보통 작물을 일컫는 데서 유래된 용어로 다양하게 활용된다.

Despite her **unremarkable** appearance, the actress has a certain je ne sais quoi about her.
평범한 외모에도 불구하고 그 여배우는 왠지 모를 호감이 느껴진다.

Mark may seem like a **plain Jane (without much to look at)**, but his generosity and confidence make him incredibly attractive.
Mark은 별 볼일 없이 평범하게 보이지만 그의 너그러움과 자신감 덕분에 놀랍게도 매력적이죠.

형 ugly / unattractive / homely / bad-looking / chapter [chap]: 끝난, 이 제 별 볼 일 없는; no more good] / plain / awful / uncomely / hideous / uninviting / repugnant / repulsive / fugly (fucking + ugly: 심하게 못생긴; 사용에 주의)

참고 chapter는 기업이 파산을 신청하는 절차인 chapter 11의 준말로 못생긴 사람을 파산한 기업 비유해서 표현하는 말. 사용에 주의.

주의 가장 대표적으로 ugly와 fat을 포함하여 사람의 용모를 폄하하는 표현은 영어권에서는 절대적으로 자제해야 한다. 특히 공적인 자리나 친하지 않은 사람이 있는 경우에는 사람을 외모에 초점을 맞춰 표현하는 행위 자체를 indecent, uncivilized (품위나 교양이 없는) 사람으로 본다. 친한 사람들 중에서라도 용모에 관해 부정적으로 하는 표현은 신중할 필요가 있다.

명 minger (영국 영어); butterface; ugly duckling (처음에는 못생긴 것 같은데 자꾸 보면 귀여울 듯도 한 경우, 또는 못생기거나 말썽꾸러기인데 귀엽기도 한 아이)

구 not much to look at / hit with the [an] ugly stick; not much to write home about

예문

Even when you really believe someone is **uninviting** or **bad-looking**, in today's English-speaking world it is absolutely improper to talk about someone's negative physical appearance in public.
당신이 어떤 사람이 호감을 주지 않거나 못 생겼다고 정말 믿을 때에도 오늘날의 영어 사용권에서는 누군가의 부정적인 외모를 공적인 장소에서 언급하는 것은 절대적으로 적절하지 못하다.

Despite her **unattractive** appearance, the female comedian had a knack for making people laugh.
볼품없는 외모였지만, 그 여자 코미디언은 사람들을 웃기는 재주가 있었다.

Maria used to be a really **ugly duckling**.
Maria는 전에는 정말 볼품없었어. (지금은 많이 이뻐짐)

Please do not judge a book by its cover. Although Becker is a very **homely** guy, he seems to be quite talented at math.
외모로 사람을 판단하지 마세요. Becker는 비록 평범하게 생겼지만 수학에 아주 탁월한 것 같아.

Janet's often self-conscious of her uncomely features. Her looks may **not** be **much to write home about**, but, I'm telling you, she has a pleasant personality.

Janet은 자신의 못생긴 모습을 종종 의식해요. 그녀의 생김새는 별로지만 실은 호감을 주는 성격이예요.

1-132 험상궂은, 우락부락한, 위압적인

[형] rough / craggy / scary-looking / menacing / threatening / intimidating / fierce / grim / formidable / stern / foreboding / stone-faced / scowling / glaring / grave-looking

[구] rough around the edges / mean mug / look like a pit bull

예문

Albert may **look rough** on the outside, but he's actually a kind-hearted guy.

외모가 거칠기는 하지만, Albert는 마음이 실로 따뜻한 친구이다.

Santos has a **craggy face**.

Santos는 얼굴이 우락부락하게 생겼다.

Jake's got a **mean mug** that could intimidate anyone who crosses his path. But actually, he's quite friendly once you get to know him.

Jake는 마주치는 사람 누구나 겁나게 할 수 있는 험상궂은 얼굴이죠. 그러나 실은 일단 그를 알게 되면 꽤나 친절해요.

참고 mug: 1. (속어) face; mouth. 2. (영국 영어) 멍청이, 쪼다; fool, dupe

Despite his **scowling** appearance that made him look even **menacing**, deep down, he was incredibly warm-hearted, always ready to lend a helping hand to those in need.

위협적으로까지 보이게 하는 그의 험상궂은 얼굴이지만 마음 깊은 곳에서는 그는 언제든 어려움에 처한 이들에게 도움의 손길을 내미는, 엄청 마음이 따뜻한 사람이었다.

In my fifth grade, my homeroom teacher's kindness shone through the **rough edges of his appearance**. A warm-hearted individual was always revealed beneath his **tough exterior**.

5학년 때 제 담임 선생님은 험해 보이는 겉모습을 통해 자상함이 빛나셨죠. 그 분의 강한 외모 아래로 항상 따뜻한 마음을 가진 개인의 모습이 드러났어요.

1-133 (남성) 몸짱인, 근육질인, 몸짱의

형 buff / muscular / (well) built / jacked / ripped / brawny / beefy / swole / sculpted / chiseled / masculine / hunky

명 tank / hench (영국 영어) / gym rat (짐에서 살다시피 열심히 운동하는 사람) / beefcake / bodybuilder / he-man / strongman / hulk / Adonis / hunk / well-built [-developed] physique

구 be beefed up

예문

Have you seen Tom lately? He's been hitting the gym hard, and now he's looking seriously swole.
근래에 Tom 본 적 있니? 짐에 열심히 다니더니 이젠 아주 몸짱이야.

Three brawny guys came to move my stuff to my new school dorm.
세 근육질의 남자들이 내 짐을 새 학교 기숙사로 옮겨 주려고 왔다.

As Tony walked along the beach, women turned their heads to admire his sculpted beefcake glistening in the sun.
Tony가 해변을 따라 걸어갈 때 여자들이 눈길을 돌려 태양빛 속에 빛나는 그의 조각된 듯한 근육질의 몸매에 감탄했다.

Most American football players are beefy hunks.
대부분의 미식축구 선수들은 근육질로 잘 발달된 몸짱들이죠.

As one of the greatest bodybuilders of all time, Arnold Schwarzenegger's hunky strongman image helped him get elected Governor of California twice.
역사상 가장 훌륭한 육체미 선수들 중의 한 사람으로서 Arnold Schwarzenegger (아놀드 슈워제네거)의 근육질의 강한 남성 이미지는 그가 캘리포니아 주지사로 두 번 당선되는 데 도움이 되었다.

The gym rat walked in, all beefed up from years of intense workouts, impressing everyone with his well-developed physique.
수년간의 강한 운동으로 온통 근육질이 된 그 체육관에 뻔질나게 다니는 친구 (gym rat)는 (근육으로) 잘 발달된 몸으로 모든 사람들에게 깊은 인상을 남겼다.

형 fat / obese / overweight / chubby / chunky / bulky / plump / porky / fluffy / pudgy / portly / hefty / husky / heavyset / stocky / stout / thick / thickset / doughy / rotund / full-figured / flabby / strapping / well-upholstered (비격식체: fat) / corpulent

구 have love handles (hanging on) / have a large [body] build / have a few extra pounds

주의 영어권 사회에서는 사람의 용모를 (특히 fat 또는 ugly 등의 부정적인 면을) 공적인 자리에서 표현하는 것을 중단한 것이 오래 되었으며 그렇게 표현하는 사람들에 대해 인격적으로 낮추어 본다. 한국인들도 사람의 용모를 칭찬하는 경우 이외에는 공적인 자리에서는 표현을 피하거나 간단히 완곡어법으로 표현하거나 다른 긍정적인 면을 칭찬하는 것이 바람직하다.

예문

Mary failed her diet, and she is now **beef to the heels**.
Mary는 다이어트에 실패하더니 지금은 너무 살이 쪘어.

After he married, Bruce has been getting **well-upholstered** around his waist.
결혼하더니 Bruce의 허리가 점점 뚱뚱해졌어.

Bob has **gone to fat** since he took the medicine.
그 약을 복용한 후에 Bob의 몸이 많이 불어났다.

Sadly, Bob became a **corpulent [plump, portly, rotund]** person gradually after he failed to diet.
슬프지만, 다이어트에 실패한 후 Bob은 점점 비만한 사람이 되었다.

Recently I **gained [got, put on, grew in] weight [flesh]**.
난 최근에 살이 많이 쪘다.

Elena used to be so slim, but now she is now more of a **plumper** than a graceful dancer.
예전에 날씬했던 Elena가 이젠 몸치가 되었어.

Tony said he'd go on a diet and exercise every day as his new year's resolution, but he still **keeps his love handles hanging on**.
Tony는 새해 결심으로 다이어트를 하고 매일 운동을 하겠다고 했는데 아직도 허리 살이 쳐져 있군요.

형 thin / bony / skinny / lean / slim / slender / skeletal / slight / scrawny / scraggy / skin-and-bones / pencil-thin / willowy / gaunt / hollow-cheeked / twiggy / lanky / pencil-thin / wire-thin / skinny-minnie / rawboned

명 beanpole / stick figure / toothpick / string bean / slim Jim / twig

구 all bones / skinny as a rail / slender as a reed / thin as a rake

예문

The African child on the TV screen looked really **bony and skinny**.
TV화면의 그 아프리카 아이는 정말 피골이 상접했어.

Jonathan has a **lean body**.
Jonathan은 군살이 없는 [탄탄하고 쭉쭉빵빵인] 몸매를 지녔어.

Betty used to be quite **slim**.
Betty도 예전엔 꽤 날씬하고 호리호리했었어. (지금은 많이 살이 찜)

The slim-fit denim pants make her look **slender**.
밀착감이 좋은 데님바지를 입으니 그녀가 매우 호리호리해보이네.

Sally's become **(as) lean [skinny, thin] as a rake** recently.
Sally가 최근에 피골이 상접해졌다.

Abraham Lincoln had a **stick figure**, but he was a very generous and considerate person.
Abraham Lincoln은 대꼬챙이 같은 마른 모습을 가졌지만 아주 너그럽고 배려심 많은 사람이었죠

[사진: Lithograph] 1863년 11월 19일, 미국 Pennsylvania 주 Gettysburg에서 미국사상 유명한 the Gettysburg Address (게티스버그 연설)을 하고 있는 Abraham Lincoln 대통령. 깡마르고 강한 턱수염의 이미지와 달리 미국 역사가들은 인내심과 부드러움, 그리고 남의 이야기를 경청하고 소통하는 능력이 그의 리더쉽의 핵심으로 평가한다. 1905 lithograph by Heritage Images

My mom's been on a diet for quite a while. Now she's **pencil-thin, gliding effortlessly through crowded places.**
엄마는 꽤 오래 다이어트를 해 왔어요. 이제는 연필처럼 늘씬하셔서 사람들이 붐비는 장소에서도 쉽사리 미끄러지듯 다니세요.

Sam's recent diet has left her **twiggy**, practically all **skin and bones**, which worries her family.
최근의 다이어트로 Sam (Samantha)은 몸이 연한 나무 가지처럼 가늘어졌다. 실질적으로 온통 표피와 뼈만 남은 상태라 그녀의 가족들이 걱정하게 한다.

1-136 키큰, 장신의, 키다리의, 멀대 같은

형 tall / towering / gangling / lanky / long-limbed / lank / giraffe-like / statuesque / stretched-out / spindly / gangly / gaunt / rangy / scrawny / slender / twiggy

명 beanpole / (have/be on) stilts / stretch / beanstalk / string bean / twig / stork / lamppost / giraffe / skyscraper / high rise [high-rise] / tower / spire / telephone pole / yardstick / tree / walking stick / pillar / pole / reed / flagpole / stilt

구 tall as a tree / a tall drink of water / lean and long

예문

Hamerlin is a real **beanpole** and seems to act so clumsily.
Hamerlin은 멀대같이 정말 키는 큰데 하는 행동은 아주 서투른 것 같아.

Most basketball players are **long-limbed** and have **towering** statures [heights, figures].
대부분의 농구 선수들은 사지가 길고 높은 (위에서 내려다 보는) 키를 가졌다.

I couldn't imagine that Tom became such a **tall drink of water**.
Tom이 그토록 키가 훌쩍 컸으리라 상상도 못했다.

Standing at 6 feet 4 inches, President Lincoln was a living **beanstalk [beanpole]** among all American presidents.
모든 미국 대통령들 중에 키가 6피트 4인치 (193cm)인 Lincoln 대통령은 살아 있는 콩줄기였다.

The **lanky** college basketball player stands out in the crowd, **towering** over everyone like a **skyscraper**.
그 호리호리한 대학 농구 선수는 사람들 가운데 특출 나게 커서 고층건물처럼 모든 사람을 위에서 내려다 본다.

The **rangy** athlete, with his **long limbs**, is often compared to a **high rise** in the skyline.
사지가 길어서 그 길죽한 운동선수는 종종 스카이라인에 높이 솟은 건물에 비유된다.

1-137 보통 키의, 평균 키의

형 average [middle, standard, moderate, regular] height [stature] / average-statured / middle size / average height

구 moderately tall / neither tall nor short / not too tall, not too short / height in the middle range [ground] / mid-sized in height [stature] / height-wise in the middle / height of average / in the middle of the height [stature] spectrum

예문

Daniel is (a man) of **middle height [stature, size]**.
Daniel은 보통 키이다.

The groom seems slightly below **average height** for a Korean male.
신랑의 키는 한국 남성 평균 키보다 약간 작아보인다.

Eden is rather above the **middle height**.
Eden은 중키 이상이다.

Kathy: Hey, Judy. The guy you met last weekend, was he tall?
Judy: Well, he was **neither tall nor short. (Somewhere) in between.**
Kathy: 헤이, Judy야. 지난 주말에 너가 만난 애, 키가 컸니?
Judy: 음, 크지도 작지도 않고. 중간쯤 돼.

형 puny (작고 약한) / petite (작고 날씬하고 멋진, 특히 여성) / stocky (작지만 다부진) / short and small / tiny [teeny, titchy] (체구가 작은) / shorty (키가 작은, 종종 친근한 표현) / teeny-weeny [teenie-weenie] / compact (작지만 균형이 잡힌) / stubby (짜리몽땅한) / diminutive (왜소한, 격식체) / miniature / fun-sized (작고 귀엽거나 아담한) / pocket-sized (작은 사람을 친근하게 표현) / wee (체구가 작은, 특히 British/Scottish 영어) / Lilliputian ('Gulliver's Travels' (걸리버 여행기)에 나오는 작은 사람들처럼 작은, 문학적/격식체)

명 miniature / Lilliputian

구 vertically challenged (키가 작은 사람을 가벼운 농담으로 표현)

예문

Brice is **puny as a child**.
Brice는 어린 애처럼 왜소해.

Catherine is a **petite** and slim blonde.
Catherine은 아담하고 마른 금발머리 여자이다.

Despite being **short**, the farmer looks so **stocky** and robust.
그 농부는 왜소했지만 몸은 아주 다부지고 강건해보였다.

The bride seemed **short** and **stubby**, like a little teapot.
신부는 작은 찻주전자처럼 키가 작고 통통해보였다.

In elementary school Aidan was a **vertically challenged** boy, but now he's quite tall as I saw him at the last class reunion.
초등학교에선 Aidan이 키가 작은 애였는데 전번 동창회에서 보았듯이 이제 꽤나 커.

Classmates used to make fun of Nick for being **teeny-weeny** in elementary school, but now he's like a whopper.
초등학교에선 학급 친구들이 Nick을 작다고 놀리곤 했지만 지금은 Nick이 엄청 크다.

형 stylish / fashionable / trendy / well-dressed / smartly dressed / dapper (산뜻하고 깔끔한) / neat / trim / smart / sharp / chic (세련되고 유행을 아는) / dandy / foppish / well [stylishly] turned-out (옷을 잘 입고 나타난) / fashion-forward (유행에 따라 옷을 입는) / dressy (격식을 갖춰 옷을 입은/입는) / sartorially savvy (옷을 잘 아는, 옷을 경우에 맞춰 잘 입는) shionable] dresser / fashionista / dandy / fop / chic

예문

Despite being in her fifties, Jodie maintains a remarkably **hip** look with her **trendy** haircuts and streetwear, often mistaken for someone much younger.
50대 나이에도 불구하고 Jodie는 유행하는 머리를 하고 거리 스타일 옷을 입고 엄청 힙한 용모를 유지해서 종종 훨씬 젊은 사람으로 오해를 받죠.

Helen's **sense of style is impeccable**.
Helen의 패션감각은 나무랄 데가 없을만큼 완벽해.

The actress knows how to **dress fashionably** on the red carpet.
그 여배우는 레드카펫에서 좋은 인상을 주도록 옷을 정말 세련되게 입어.

Joanne is a natural **fashionista** who can pull off any outfit with grace.
Joanne은 어떤 옷도 우아하게 소화해내는 천부적인 패셔니스타이다.

The actor's **stunning** appearance and **debonair** charm elicited cheers and applause from the audience all at once.
그 배우의 빼어난 외모와 우아한 매력에 관객들은 일제히 환호와 박수를 쳤다.

Daniel arrived at the party **looking incredibly dapper** in his new tailored suit and polished oxfords, catching everybody's attention.
Daniel은 새로 맞춘 양복을 입고 광택 나는 옥스포드 구두를 신고 모든 이의 주목을 받으며 엄청 산뜻한 모습으로 그 파티에 도착했다.

The actress always exuded effortless **chic** with her **sartorially savvy** outfits, combining vintage pieces with modern accessories.
그 여배우는 복고풍 옷과 현대적 악세사리를 배합해서 산뜻한 옷들로 항상 쉽사리 의상미를 발산했다.

1-140 (스타일/복장) 볼품없는, 멋없는, 남루한, 허접한, 보잘것 없는

형 miserable / shabby / lowly / ragged / messy (너저분한, 손질하지 않은) / untidy / scruffy (단정하지 않은, 꾀죄죄한) / slovenly [sloppy] (지저분한, (용모가) 손질하지 않은) / unkempt [disheveled] (머리를 빗지 않거나 용모가 너저분한) / disarranged / grubby

명 grub

예문

The old man was **shabby** and unkempt.
그 노인은 추레하고 꾀죄죄했다.

I'm not happy with Jane because she **shines me down**.
Jane과 있으면 내가 초라해져서 유쾌하지 않아.

Today Gil shaved and dressed up to avoid looking **scruffy**.
꾀죄죄하게 보이지 않으려고 Gil이 오늘은 면도도 하고 옷도 쫙 빼입었더라.

Jack Nicholson is **slovenly** with **unkempt** hair and all in many of his movies, but he is still amazingly popular.
Jack Nicholson은 많은 영화에서 머리도 단정하지 않은 등등 너저분한데도 아직도 놀랍게도 인기가 좋다.

Owen always looks **unkempt**, as if he's homeless.
Owen은 집 없이 사는 사람처럼 늘 깔끔하지 못해 보인다.

John shows up **sloppy** at school most of the time. He must not be caring much about his appearance.
John은 대부분 허접한 (용모나) 복장으로 학교에 온다. 그는 자신의 외모에는 그다지 신경 쓰지 않는 게 분명해.

After working at a mechanic shop all day, his clothes were very **grubby** and **clotted** in oil.
하루 종일 정비소에서 일한 후라 그의 옷은 매우 더러워졌고 기름이 엉겨 붙어 있었습니다.

Unlike her **disheveled** appearance, Kathy studies very hard and keeps a high GPA all the time.
헝클어진 용모와는 달리, Kathy는 매우 열심히 공부하며 항상 아주 높은 성적을 유지한다.

1-141 (스타일/복장) 비속한, 저속한, 천박한, 야한, 요란한

형 cheap / loud / showy / vulgar / dirty / sleazy / gaudy / tacky / tawdry / kitschy / flashy / garish / glaring / flaring / flamboyant / provocative

명 sleaze / fashion victim / show-off / peacock (남자) / dandy (남자)

예문

Many people raised their eyebrows at her **gaudy** outfit.
많은 이들이 그녀의 천박한 옷을 보고 눈살을 찌푸렸어.

Carol's **daring** and **sensual** look shocked the spectator gallery.
Carol의 도발적이고 관능적인 모습은 방청석의 관객석을 경악케 했다.

Laura's penchant for **provocative** fashion made her widely recognized among celebrities.
Laura의 도발적인 패션은 연예가에서도 널리 정평이 나있다.

On stage the female singer often opted for **kitschy** outfits with deep cuts and **flashy** decorations.
무대 위에서는 그 여성 가수는 종종 깊이 파이고 현란한 장식이 있는 야한 옷을 선택했다.

Loud and **tacky** dress often makes people frown.
요란하고 야한 복장은 종종 사람들의 눈살을 찌푸리게 한다.

형 degenerate / decadent / depraved / reprobate / hedonic / pleasure-seeking / merrymaking / honky-tonk(y) / dissipated / debauched / dissolute / licentious / indulgent / self-indulgent / overindulgent / lecherous / carnal / libertine / wanton / hedonistic / voluptuary / sensualistic / bacchanalian / epicurean / lascivious / Sybaritic / profligate

명 playboy / player / flirt / charmer / profligate / libertine / rake / Casanova / Don Juan / smooth operator / womanizer / ladies' man / lady-killer / Prince Charming/ Romeo / seducer / skirt-charmer / wolf / philanderer / cad / lecher / roué / galavanter [gallivanter] / hedonist / debauchee / Sybarite

동 womanize / carouse / revel / frolic / flirt / play the field / paint the town red / galavant [gallivant]

예문

Jean's an alcoholic leading a **degenerate** life.
Jean은 알콜중독자로 타락한 삶을 살고 있다.

Unfortunately, George wasted most of his life on **hedonistic** pleasure.
불행히도 George는 향락적인 생활로 인생을 탕진했다.

Sunny's still mired in a **depraved** lifestyle.
Sunny는 여전히 타락한 삶의 늪에서 헤어나질 못하고 있다.

Unfortunately, Jovan's stuck in a downward spiral of **debauchery**.
불행히도 Jovan은 점점 퇴폐적인 삶의 나락으로 빠져들었다.

Judy's **dissipated** lifestyle led her to **revel** in **honky-tonk** night clubs or dance halls every weekend.
Judy는 문란한 생활로 매 주말이면 요란한 나이트 클럽이나 댄스홀에서 마구 먹고 마시고 놀았다.

The tabloids often portrayed him as a wealthy **playboy** known for his **womanizing**, late-night **carousing** in clubs, and conspicuously **licentious** life.
주간지들은 그를 여자들을 꼬시고 밤 늦게 클럽에서 먹고 마시면서 드러내고 (성적으로) 방종하는 생활로 유명한 부유한 플레이보이로 종종 묘사했다.

형 envious (of ...) (중립-긍정적) / jealous (of ...) (부정적) / green-eyed (부정적) / covetous (탐욕스럽게 원하는)

명 green-eyed monster

동 begrudge [부정적] / envy [긍정-중립적]

구 (pea) green with envy

예문

His colleagues were **jealous** of his quick promotion.
그의 동료들은 그의 빠른 진급을 시샘했다.

It's important not to be **envious** of others' possessions or accomplishments, but rather focus on one's own goals. Being **jealous** is really the worst.
다른 사람이 가진 것이나 성취한 바를 부러워하지 않고 자기 자신의 목표들에 집중하는 것이 중요합니다. 시기하는 것은 정말 최악이죠.

Julie really has a great character. She never **begrudges** her friends' achievements. Instead, she celebrates them wholeheartedly.
Julie는 정말 훌륭한 성품을 갖고 있어요. 절대로 친구들의 성취를 아니꼬와하는 적이 없죠. 대신 온 마음으로 축하해 줍니다.

The actress **turned (pea) green** with envy as she watched her rival receive the award.
그 여배우는 라이벌이 그 상을 받는 것을 보면서 질투심이 일었다.

You can **eat your heart out**, but I won't give it to you.
네가 아무리 부러워해도 난 안 줄테야.

참고 아주 상심하다, '비통해 하다'는 의미로도 자주 쓰인다. 즉, 희망이 없는 상황에서 큰 슬픔을 속으로 삼키는 경우에 쓰인다. 한편, 아주 유명한 사람을 동원하여 좀 과장적인 표현으로 활용되기도 한다. 일상생활에서 자주 쓰는 '누구도 울고 가겠다'는 식의 우리말 표현과 맥락이 유사하다고 볼 수 있다.

The **green-eyed monster** of **covetousness** reared its head as Judy cast **jealous** glances at her friend's latest designed handbag.
Judy는 친구의 최신 명품 핸드백을 질투하면서 바라볼 때 탐욕의 질투심이 일었다.

형 food-loving / gourmet / gastronomic / epicurean / culinary

명 foodie / gourmet / gourmand / bon vivant / chowhound / connoisseur (of fine food/dining) / hearty eater / fine diner / food enthusiast [buff] / culinary aficionado / picky eater / gastronome / epicure

예문

Charlie is a real **foodie** second to none. He goes out to hunt for fine foods and delicacies like caviar every week.
Charlie는 둘째가라면 서러운 진짜 미식가죠. 매주 좋은 음식과 caviar (철갑상어의 알젓) 같은 맛갈스런 귀한 음식을 찾아 나섭니다.

Liz embraced the lifestyle of a **bon vivant**, savoring **gourmet** dishes and attending lavish social gatherings.
Liz는 미식가의 생활 양식을 따라 맛진 음식들을 즐기고 호화스런 사회적 모임들에 참가했다.

As an **epicurean** traveler, Martha sought out the **gastronomic** treasures of each region, **savor**ing local **delicacies** with enthusiasm.
Martha는 미식 여행가로 각 지역의 보물같이 훌륭한 음식들을 찾아나서서 현지의 진미들을 열심히 즐겼다.

As a seasoned **food aficionado**, Julia often seeks out the **finest dining** establishments in town to indulge in **exquisite meals** and **culinary** experiences.
노련한 미식가로서 Julia는 종종 세련된 식사와 미식의 경험을 즐기기 위해 최고의 미식 업소들을 찾아 나서죠.

Thanks a bunch for studying Coffee-Time English.

커피타임 잉글리쉬를 공부해 주셔서 대단히 감사합니다.

인간과 사회문화 그리고 세계에 관한 광범위하고
다양한 살아 숨쉬는 real English를 담은
Coffee-Time English는 계속됩니다.
머지 않아 출간될 Book 2, 3, 4, 5, ...도
기대해 주십시요.
감사합니다.
–
저자 김규호, 박준언, 박우상